Abnehmen durch Autosuggestion

Dauerhaft schlank durch wirkungsvolle
Suggestionstechniken

i

Kai Tonek ist als Seminarleiter und Coach tätig. Er beschäftigt sich seit mehr als zwanzig Jahren mit den Techniken des mentalen Trainings und den verschiedensten Verfahren zur Selbstoptimierung. Er hat auf der Basis der Autosuggestion ein Programm entwickelt, das sich ganz besonders zur Unterstützung von Diäten und Vorhaben der Gewichtsreduzierung eignet.

Kai Tonek

Abnehmen durch Autosuggestion

Dauerhaft schlank durch wirkungsvolle Suggestionstechniken

Die deutsche Nationalbibliothek verzeichnet diese Publikation in der deutschen Nationalbibliographie; detaillierte bibliographische Daten sind im Internet über dnb.dnb.de abrufbar.

Herstellung und Verlag

BoD – Books on Demand, Norderstedt

ISBN: 9783750427334

Inhaltsverzeichnis

Vorwort

Dieses Buch richtet sich an alle Mitmenschen, die schon einmal mit einer Diät gescheitert sind, Opfer des Jo-Jo Effektes wurden oder es satt haben, ständig auf das verzichten zu müssen, was sie gerade am liebsten essen würden. Es ist auch für all diejenigen geschrieben, die sich jahrein, jahraus intensiv bemühen, ihr gegenwärtiges Gewicht zu halten, und trotzdem immer wieder Enttäuschungen erleben und Rückschläge verkraften müssen. Und für diejenigen unter uns, die einfach keine Lust mehr haben, sich strengen Diätverschriften zu unterwerfen und dabei ständig unter der Einhaltung dieser Vorschriften zu leiden.

Statt immer und überall Verzicht und Willensanstrengungen zu verlangen, zeigt Ihnen dieses Buch einen Weg, wie Sie abnehmen können, ohne dabei ständig Frust und Reue zu empfinden. Einen Weg, der Ihnen hilft, sich vernünftig zu ernähren und das Leben trotzdem zu genießen. Es verlangt von Ihnen nicht, das zu essen, was Sie nicht wollen, sondern es hilft Ihnen, das zu wollen, was schlank macht und gesund ist. Es verlangt von Ihnen keine übermenschlichen Willensanstrengungen, sondern senkt die Hürden, die Ihr Wille überwinden muss, auf ein Maß, das Sie leicht meistern können.

Dieses Buch wird Ihre Einstellung zum Essen und Ihre Essgewohnheiten nachhaltig verändern. Abnehmen wird dadurch nicht mehr zu einer unlösbaren Aufgabe der Selbstdisziplin, sondern ergibt sich fast von selbst, durch die Änderung Ihrer Einstellungen und Gewohnheiten. Es zeigt Ihnen einen Weg, wie Sie in vollen Zügen genießen können, und dabei weniger und gesünder essen.

Das erfordert zwar einige Vorarbeiten mit mentalen Übungen, aber dafür wird Ihr Leben dann leichter. Vor allem eröffnet sich Ihnen so eine Methode, mit der Sie auf Dauer abnehmen können, ohne sich dabei ständig quälen zu müssen oder unter den Entsagungen zu leiden.

Warum Abnehmen so schwer ist

Ob wir zu- oder abnehmen, hängt in erster Linie davon ab, was wir essen, wie viel wir essen und in welchem zeitlichen Rhythmus wir essen. Da dieser Zusammenhang allgemein bekannt ist, fehlt es nicht an Ratschlägen, wie man an diesen Stellschrauben drehen muss, um abzunehmen oder das gegenwärtige Gewicht zumindest zu halten. Üblicherweise bezeichnet man diese Empfehlungen als Diäten.

Der Kern solcher Diäten besteht meistens darin, dass sie uns sagen, welche Lebensmittel wir essen dürfen, welche wir nicht essen dürfen, wie viel wir von etwas zu uns nehmen dürfen und was wir nicht miteinander kombinieren sollen.

Viele von uns haben solche Diäten ausprobiert, aber die meisten sind gescheitert. Manche haben ihre Diät von Beginn an nicht konsequent eingehalten, andere hatten erste Erfolge und haben dann irgendwann aufgegeben und wieder andere haben wirklich eine Zeit lang erfolgreich abgenommen, sind aber letztlich an der Umstellung auf eine langfristig zweckmäßige Ernährung gescheitert.

Mit einer Diät erfolgreich abgenommen, haben auf jeden Fall die Wenigsten. Die Gründe dafür sind vielfältig. Einer der wesentlichen Ursachen für das Scheitern von Diäten ist die Tatsache, dass wir unsere Psyche durch eine Diät in eine Art Dauerstress versetzten. Denn jede Diät verlangt von uns, ständig die Finger von Lebensmitteln zu lassen, auf die wir eigentlich Lust hätten, Dinge zu essen, auf die wir nicht unbedingt Lust haben oder weniger zu essen, als wir gern essen würden. Das führt zu permanenten Frustgefühlen und zwingt uns ständig zu Willensanstrengungen und Kraftakten, für die wir viel Disziplin aufbringen müssen.

Sowohl der andauernde Frust, als auch die ständig erforderlichen Willensanstrengungen, machen uns das Diäthalten schwer und können sich zu einem gefährlichen Teufelskreis hochschaukeln, der irgendwann jede Diät beendet. Wer ständig im Dauerfrust lebt, sucht nach Erlebnissen, die den Frust kompensieren. Solche Erlebnisse, bietet uns jede Form der Nahrungsaufnahme. Nach dem Motto „Ein kleines Stück Schokolade und schon geht es mir besser". In der Regel bleibt es aber nicht bei einem Stück, da gerade während einer Diät alles Verbotene einen gewaltigen Reiz auf uns ausübt. Schlimmstenfalls artet so ein Ausrutscher sogar zur hemmungslosen Fressattacke aus.

Das eigentlich Problematische dabei ist, dass Essen zunächst einmal gegen den Frust der Selbstkasteiung hervorragend hilft. Aber jeder kleine Ausrutscher kann der Beginn vom Ende einer Diät sein. Denn damit setzen wir einen Lernprozess in Gang, der uns immer mehr von unserer Diät wegführt. Schließlich haben wir in dieser Situation ja gelernt, dass Nahrungsaufnahme gegen den Frust hilft. Das wird sich unser Unterbewusstsein merken und es beim nächsten Frustgefühl machtvoll in Erinnerung bringen.

Besonders gefährlich ist an diesem Antifrust-Essen, dass die Aufnahme von Nahrung so herrlich unkompliziert ist. Wir könnten ja auch irgendwas anderes tun, um unserem Entsagungs-Frust mit einem positiven Erlebnis zu kompensieren, z.B. ein interessantes Buch lesen, ins Museum gehen, mit dem Nachbarn oder der Nachbarin flirten, eine aufregende Sportart betreiben oder ein gutes Gespräch führen. Aber Essen ist eben viel einfacher und unkomplizierter. Jedenfalls, wenn der Kühlschrank voll ist, die Schokolade in Reichweite liegt oder wir gerade am Imbissstand vorbeikommen. Zum Essen muss man weder ins Museum noch ins Kino gehen, kein aufwendiges Sportgerät aus dem Keller holen oder mit anderen Menschen Beziehungen eingehen. Man muss nur zugreifen und das lustvolle Erlebnis stellt sich in Sekunden ein.

Leider kommt nach dem Genuss schnell die Reue. Und die ist das zweite Element in dem Teufelskreis, der jeden unserer Diätversuche gefährdet. Denn die Reue über das eigene Versagen und die Erkenntnis, dass wir unsere Vorsätze nicht durchgehalten haben, erzeugt neuen Frust. Spätestens wenn uns die Waage nach mehreren solcher Ausrutschern vor Augen führt, dass der Erfolg unserer Diät in Frage steht, stellt sich zusätzlicher Frust und manchmal sogar Resignation ein. Viele brechen dann die angefangene Diät ab. Andere versuchen einen Neustart mit anderen guten Vorsätzen und heftigen Willensbekundungen.

Aber spätestens wenn man ein drittes oder viertes Mal rückfällig geworden ist, verstärkt sich der Frust aus Entsagung, Versagen und Reue soweit, dass viele eine begonnene Diät ganz abbrechen.

All dies macht deutlich, dass reine Ernährungsvorschriften, wie Diäten oder die Verhaltensregel, ab 16:00 nichts mehr zu essen, meist nicht zum Ziel führen. Auch wenn sie prinzipiell richtig sind und wir hartnäckig versuchen, uns an diese Regeln zu halten.

Der Wille ist aber kein Muskel, der umso stärker wird, je öfter man ihn belastet, sondern er gleicht mehr einem Reservoir, das man durch jede Willensanstrengung ein bisschen entleert.

Irgendwann ist dann unser Vorrat an Willenskraft erschöpft und wir geben der Versuchung nach.

Ein Übriges tut dazu auch unser Unterbewusstsein. Es ist ein Meister darin, uns gute und scheinbar recht rationale Argumente einzuflüstern, die unser Gewissen beruhigen und die Schwelle zu sündigen herabsetzen. Ausreden wie, „einmal schadet ja nichts" oder „dafür schenke ich mir heute das Abendessen", lassen unsere Willenskraft schnell bröckeln.

Natürlich ist die Größe des Willensreservoirs bei jedem Menschen unterschiedlich ausgeprägt und die Einflüsterungen des Unterbewusstseins können unterschiedlich stark ausfallen, aber das Prinzip ist bei Allen gleich.

Schon diese kurze Betrachtung zeigt, dass wir Gewichtsprobleme nicht allein mit rationalen Ernährungsvorschriften und reinen Willensanstrengungen lösen können. Denn das wirkliche Problem ist unsere Psyche. Unser Essverhalten und unser Gewicht sind nur die Symptome. Die Ursachen für unsere Gewichtsprobleme liegen viel tiefer.

Sieht man einmal von krankhaftem Übergewicht ab, liegt die Ursache für die überflüssigen Pfunde meist in unserem Kopf. Hier müssen wir daher auch ansetzen, wenn wir unser Wunschgewicht erreichen und halten wollen.

Hunger, Appetit und Psyche

Da für den Menschen Nahrung nicht immer leicht verfügbar war und ihre Beschaffung von unseren Vorfahren einiges an Anstrengungen erforderte, musste die Natur uns mit einem starken Motivator für die Nahrungssuche und -gewinnung ausrüsten. Dieser Motivator ist das Hungergefühl, das unsere Vorfahren über hunderttausende von Jahren angetrieben hat, die Anstrengungen der Nahrungsbeschaffung auf sich zu nehmen.

Ohne ein starkes körperlich, psychisches Signal, wie den Hunger, hätten unsere Vorfahren wohl kaum Stunden lang Mammuts zu Tode gehetzt, mit den bloßen Händen nach Wurzeln gegraben oder lange Märsche auf sich genommen, um Pilze oder Beeren zu sammeln. Ohne das bohrende Gefühl des Hungers würde kein Löwe seinen gemütlichen Schattenplatz unter der Akazie verlassen, um einer Gazelle nachzulaufen, und keiner unserer Vorfahren hätte all die Mühen auf sich genommen, mit der die Nahrungsbeschaffung über Jahrtausende verbunden war.

Ausgelöst wird der Hunger durch ein komplexes Muster von Rezeptoren und physiologischen Vorgängen in unserem Körper, die uns signalisieren, dass wir dem Körper lebensnotwendige Energie zuführen müssen. Dabei ist der Blutzuckerspiegel einer der stärksten Auslöser des Hungergefühls. Was ja auch Sinn macht. Denn ein niedriger Blutzuckerspiegel ist ein klarer Indikator für den Bedarf an Energieträgern, den wir nur durch die Aufnahme von Nahrung decken können.

Neben dem Blutzuckerspiegel gibt es aber auch noch viele andere Mechanismen in unserem Körper, die das Hungergefühl auslösen können. Allen voran der Füllgrad unseres Magens. Aber daneben gibt es auch noch eine ganze Anzahl weiterer Prozesse, die uns signalisieren, dass es wieder einmal Zeit ist, etwas zu essen. Viele dieser Prozesse werden durch Hormone und Botenstoffe gesteuert. Insgesamt handelt es sich dabei um ein sehr komplexes System physiologischer Vorgänge, das nur einem Zweck dient, uns deutlich zu machen, dass unser Körper die Zufuhr von Energieträgern in Form von Nahrung braucht.

Würden wir nur essen, wenn wir dieses natürliche Hungergefühl verspüren und würden wir aufhören zu essen, wenn unser Energiebedarf gedeckt ist, hätte kaum jemand Probleme mit seinem Gewicht. Aber in Wirklichkeit essen wir nicht nur, um unserem Körper die nötige Energiemenge zuzuführen, die er braucht, um unsere Lebensfunktionen aufrechtzuerhalten, sondern auch aus vielen anderen Gründen. Oft ist es einfach das Verlangen nach bestimmten Lebensmitteln, obwohl unser täglicher Energiebedarf bereits mehr als gedeckt ist, oder wir folgen bestimmten Gewohnheiten der Nahrungsaufnahme, obwohl wir uns heute kaum bewegt haben und der Magen immer noch voll ist. Aber ein paar Chips oder Erdnüsse gehen ja immer. Vor allem, wenn es erst einmal zum Ritual geworden ist, dass die Chips beim Fernsehen auf dem Tisch stehen oder man das Kino nicht betritt, ohne dass man den Becher Popcorn in der Hand hält.

Neben diesen offensichtlich schädlichen Verhaltensweisen, gibt es aber auch noch viele weitere Gewohnheiten, die langfristig dick machen oder uns am Abnehmen hindern. Daher ist das Erkennen und Abstellen falscher Gewohnheiten ein zentrales Thema dieses Buches.

Manchmal essen wir aber auch einfach nur aus Langeweile oder um irgendein frustrierendes Erlebnis zu kompensieren. Im Extremfall braucht es dazu nicht einmal ein bestimmtes Ereignis. Dann reicht schon eine schlechte Stimmung oder ein bisschen Frust, um zu den kalorienreichen Stimmungsaufhellern zu greifen oder uns am Kühlschrank etwas zu gönnen.

All das war für unsere Vorfahren kein Problem, denn über hunderttausende von Jahren war Nahrung immer knapp. Selbst wenn der Steinzeitmensch Appetit auf ein leckeres Mammutsteak oder auf den Honig einer Bienenwabe verspürt hat, nutzte ihm das wenig. Denn ein Mammut musste erst gejagt, zerlegt und zubereitet werden und auch einen Bienenstock fand man nicht an jeder Ecke. Im Übrigen war weder die Mammutjagd, noch das Aufbrechen eines Bienenstocks ganz ungefährlich. Man musste also schon wirklich Hunger haben, um sich den Strapazen und Gefahren der Nahrungsbeschaffung auszusetzen. Ein bisschen Appetit oder einige schlechte Gewohnheiten reichten damals nicht aus, um sich schnell mal einen kleinen Imbiss zu gönnen. Nahrungsbeschaffung war für unsere Vorfahren ein zeitintensives und anstrengendes Unterfangen.

Heute ist das anders. In den Industrieländern, in denen wir leben, sind Nahrungsmittel praktisch immer verfügbar. Sie sind relativ billig und können in Dosen, Gläsern, Kühlschränken oder Gefriertruhen beliebig gelagert werden. In fast allen Haushalten sind daher viel mehr Lebensmittel direkt verfügbar, als es für unsere schlanke Linie gut wäre. Und auch unterwegs gibt es keine Hindernisse, die uns vom Genuss einer kleinen Mahlzeit abhalten könnten. Sei es das Stück Torte im Café, der Schokoriegel im Drogeriemarkt oder die Currywurst am Imbissstand.

Essen ist eben immer und überall verfügbar oder kann zumindest mit wenig Aufwand verfügbar gemacht werden.

Darauf ist unser natürliches Verhalten aber nicht ausgelegt. Für unsere Vorfahren waren Nahrungsmittel immer knapp. Über hunderttausende von Jahren war die Gefahr zu verhungern weitaus größer, als die Gefahr zum Opfer von Zivilisationskrankheiten, in Folge von Übergewicht zu werden. Folglich war es unter diesen Umständen zweckmäßig immer zu essen, wenn irgendetwas Essbares erreichbar war. Denn schließlich wussten unsere Vorfahren nie, wann es wieder etwas zu essen gab.

Auch unsere Vorliebe für Süßes, insbesondere Zucker, stammt aus der Zeit unserer Vorfahren, die immer vom Mangel an essbaren Energieträgern geprägt war. Zucker ist ein Stoff der viel Energie enthält, dessen Energie für den Körper leicht erschließbar ist und dessen Energieinhalt sofort für körperliche Anstrengungen zur Verfügung steht. Was liegt für die Natur daher näher, als diesen Stoff für den Menschen wohlschmeckend und attraktiv zu machen. Süßes zu begehren und vorzuziehen wurde daher zu einer der vielen Strategien des Überlebens, in einer von Mangel geprägten Umwelt.

Dummerweise sind solche Strategien und Verhaltensweisen heute nicht mehr sehr hilfreich. In einer Welt, in der Nahrungsmittel in Hülle und Fülle zur Verfügung stehen, führt es schnell zu Übergewicht und Fettpolstern, wenn man immer isst, wenn Nahrung verfügbar ist, wenn man nicht aufhört zu essen, obwohl der eigentliche Hunger bereits gestillt ist oder wenn man jeden Tag Mengen an süßer Schokolade oder zuckerhaltigen Softdrinks konsumiert.

Was die Evolution aber in hunderttausenden von Jahren an Verhaltensweisen optimiert und verfestigt hat, steckt immer noch tief in uns und ändert sich nicht in ein paar Jahrzehnten von selbst. In so kurzen Zeitspannen finden in der Natur keine Veränderungsprozesse statt, die unsere Einstellung zum Essen an den heutigen Überfluss an Nahrungsmitteln anpassen würden. Deshalb tragen wir die Verhaltensmuster, die sich über hunderttausende von Jahren der Knappheit entwickelt und bewährt haben, immer noch mit uns herum.

Zum Glück sind diese Verhaltensweisen aber nicht in Stein gemeißelt. Sie variieren von Individuum zu Individuum und können durch die richtigen Methoden auch beeinflusst werden. Dazu reicht es aber nicht, ein paar gute Vorsätze zu fassen. Man muss schon das Unterbewusstsein erreichen, um hier etwas zu verändern.

Essen aus Gewohnheit

Neben den Ernährungsstrategien unserer Vorfahren, die für eine Welt des Mangels optimiert wurden, gibt es noch viele andere psychologische Effekte, innere Antriebe und Gewohnheiten, die unser Essverhalten beeinflussen und zu den bekannten Gewichtsproblemen führen. Viele dieser dick machenden Gewohnheiten haben wir erlernt, andere haben sich langsam eingeschlichen oder stammen aus unserer frühen Kindheit.

Manche Wissenschaftler gehen sogar soweit, dass sie annehmen, dass unsere Vorlieben für bestimmte Speisen schon im Mutterleib entstehen. Folgt man dieser These, kann sich derjenige glücklich schätzen, dessen Mutter während der Schwangerschaft überwiegend Salat, Fisch und Rohkost gegessen hat. Schlechtere Voraussetzungen für eine schlanke Erscheinung hat hingegen derjenige, der im Mutterleib an Sahnetorte, Schokolade oder Bratkartoffel gewöhnt wurde.

Ob das stimmt ist umstritten. Aber sicher ist auf alle Fälle, dass unser Geschmack, unsere Vorlieben und unsere Abneigungen zu einem erheblichen Teil in der frühen Kindheit geprägt werden. Was wir als Erwachsene mögen oder nicht mögen, hängt z.B. davon ab, was unsere Eltern an Nahrungsmitteln bevorzugt haben. Wie auf vielen anderen Gebieten der frühkindlichen Prägung basiert auch diese mentale Festlegung auf dem Nachahmen des Verhaltens unserer engsten Bezugspersonen.

Geschmackliche Festlegungen erfolgen in unseren frühen Lebensphasen aber nicht nur durch Nachahmen, sondern auch durch viele andere Effekte. So führt es häufig zu einer lebenslangen Ablehnung von bestimmten Speisen, wenn wir als Kind gezwungen wurden, diese zu essen.

In den Programmen unseres Unterbewusstseins ist aber nicht nur gespeichert, welche Speisen wir mögen und welche wir nicht mögen, sondern auch wann und unter welchen Umständen wir essen und wie viel wir essen, bevor wir satt sind. Viele dieser Verhaltensweisen sind Gewohnheiten, die wir uns ohne es zu merken mit der Zeit angeeignet haben und die durch ständige Wiederholung zu festen Verhaltensmustern wurden.

Solche Gewohnheiten entstehen, wenn Menschen öfters in einer bestimmten Situation oder bei einem bestimmten Reiz das Gleiche tun und dieses Tun als positiv empfunden wird oder man dafür belohnt wird. Dann steigt bei jeder Wiederholung die Verfestigung dieses Verhaltensmusters, bis es ganz automatisch und ohne bewusste, willentliche Kontrolle abläuft. Dann tun wir bestimmte Dinge immer wieder ohne, dass es uns bewusst wird und ohne, dass wir wissen, warum wir es tun.

Ein Großteil unseres Alltags besteht aus solchen Gewohnheiten. Wir legen unseren Autoschlüssel immer an die gleiche Stelle, wir verfahren morgens nach dem Aufstehen nach einer festen Routine oder wir erledigen Arbeiten in immer gleicher Weise. Ohne diese Gewohnheiten müssten wir andauernd überlegen, wie wir bestimmte Dinge tun sollen und wir müssten ständig eine Vielzahl von trivialen Entscheidungen treffen. Gewohnheiten nehmen uns Denkarbeit ab und minimieren den gedanklichen Aufwand bei Alltagsverrichtungen. Das Problem ist allerdings, dass es nicht nur positive Gewohnheiten gibt, sondern auch negative, die uns das Leben schwer machen. Dazu zählen auch die vielen Gewohnheiten, die unsere Art zu essen betreffen.

Wer sich erst einmal angewöhnt hat, beim Essen Zeitung zu lesen oder irgend einer anderen Tätigkeit nachzugehen, wird viel eher unter Gewichtsproblemen leiden, als jemand, der jede Mahlzeit bewusst einnimmt und sich beim Essen ausschließlich auf das Essen konzentriert. Denn das Erreichen des Sättigungsgefühls hängt nicht nur von den körperlichen Faktoren, wie dem Füllgrad des Magens ab, sondern wird auch dadurch bestimmt, ob wir die Aufnahme der Nahrung bewusst wahrnehmen.

Es macht auch einen großen Unterschied bezüglich der Menge, die wir essen, ob wir uns einmal eine Portion nehmen und diese dann auf den Tisch stellen oder ob alle Komponenten einer Mahlzeit in großer Menge auf dem Tisch griffbereit sind und wir ständig von irgendetwas nachnehmen können. Auch die Frage, welche Art des Kauens wir uns über die Jahre angewöhnt haben, hat einen großen Einfluss auf die Menge, die wir essen. Denn auch das Kauen an sich trägt dazu bei, das Sättigungsgefühl herbeizuführen.

Außerdem benötigt unser Gehirn eine bestimmte Zeit, um zu erkennen, dass wir genug gegessen haben und dass wir eigentlich satt sind. Wer schnell isst, wird daher regelmäßig mehr essen, als jemand, der sich beim Essen Zeit nimmt, gründlich kaut und immer wieder kleine Pausen einlegt.

Und dann sind da noch die Gewohnheiten, die ganz besonders schädlich sind. Wer sich Kino ohne Popcorn, Fernsehen ohne Knabberzeug, Essen ohne Nachtisch oder einen Nachmittag ohne Kaffee und Kuchen nicht mehr vorstellen kann, wird früher oder später ein Problem mit seiner Figur haben. Denn derartige Gewohnheiten bringen uns immer wieder dazu, mehr Kalorien aufzunehmen, als wir benötigen und verbrauchen.

Wenn wir einen normalen Tag in unserem Leben einmal gründlich analysieren, werden wir eine Menge Gewohnheiten finden, die unserem Traumgewicht extrem abträglich sind. Wir werden dabei auch feststellen, dass uns die meisten dieser Gewohnheiten überhaupt nicht bewusst sind. Nicht unser Wille und unser Verstand bestimmen, wann, was und wie viel wir essen, sondern unser Unterbewusstsein und die darin gespeicherten Gewohnheiten. Hier verbergen sich die Programme, die unsere Essgewohnheiten steuern. Folglich müssen wir auch hier ansetzen, um die Gewohnheiten, die uns dick machen, zu ändern.

Dazu ist die Technik der Autosuggestion ein erprobtes und wirkungsvolles Mittel.

Wie wir lernen dick zu werden

Nicht alle schlechten Essgewohnheiten haben sich heimlich eingeschlichen und sich dann in unserem Unterbewusstsein unbemerkt verfestigt. Manche dieser Verhaltensroutinen haben wir auch systematisch erlernt. Ein Paradebeispiel dafür ist der Keks, den man Kleinkindern gibt, damit sie ruhig im Buggy sitzen bleiben oder einfach still sind. Dadurch lernt das Kind frühzeitig, dass Essen gegen Langeweile hilft und einen angenehmen Zeitvertreib darstellt.

Ist das erst einmal erlernt, wird das Kind später auch als Erwachsener regelmäßig Langeweile mit Essen bekämpfen. Dem Erwachsenen ist dabei sicher nicht bewusst, wie sich diese Gewohnheit, aus Langeweile zu essen, entwickelt hat. Aber das eigene Unterbewusstsein wird ihm oder ihr immer wieder vorschlagen, sich die Zeit mit Essen zu vertreiben, wenn es gerade mal etwas öde ist oder es einfach nichts Sinnvolles zu tun gibt.

Ein ähnlicher frühkindlicher Lernprozess findet statt, wenn Essen als Belohnung missbraucht wird. Denn, wenn wir als Kind gelernt haben, dass Wohlverhalten mit Schokolade oder Keksen belohnt wird, werden wir uns als Erwachsene auch selbst mit irgendwelchen lecker schmeckenden Dingen belohnen. Meist handelt es sich dabei um Dinge wie Pizza, Schokolade oder Sahnetorte. Vollkornbrot und Salat sind unter den belohnenden Nahrungsmitteln eher selten zu finden.

Eine besonders gefährliche Gewohnheit ist auf diesem Gebiet das Frustessen. In diesem Fall dient der Genuss durch Essen, der Kompensation von negativen Gefühlen und Erlebnissen, die mit unserem Energiebedarf oder physiologischen Bedürfnissen überhaupt nichts zu tun haben. Essen wird dann zur Ersatzbefriedung von emotionalen Bedürfnissen. In diesen Fällen essen wir, weil wir traurig, niedergeschlagen oder frustriert sind. Wir essen, weil wir uns einsam oder missverstanden fühlen, weil es beruflich nicht so läuft, wie wir es gerne hätten oder weil wir von anderen Menschen enttäuscht wurden. Wenn es uns dann nach einem Stück Schokolade, Kuchen oder was auch immer mental besser geht, haben wir gelernt, dass man negative Gefühle hervorragend mit Essen kompensieren kann. Folglich werden wir auch in Zukunft immer daran denken, etwas zu essen, wenn wir uns nicht so gut fühlen, enttäuscht wurden oder aus anderen Gründen Frust schieben. Wir haben uns dann, wie der Psychologe sagt, darauf konditioniert, auf Frust und Unlust mit Nahrungsaufnahme zu reagieren.

Das Lernen von Verhaltensweisen erfolgt aber nicht nur durch den Prozess der Konditionierung, sondern z.B. auch durch Nachahmung und durch das Übernehmen von Verhaltensmustern. Wir tun dann das, was wir bei unseren Bezugspersonen sehen oder gesehen haben. Ein Teil unserer geschmacklichen Orientierung haben wir ganz einfach von den Eltern oder anderen Familienmitgliedern übernommen, indem wir ihr Verhalten ohne es zu merken kopieren.

Lernen, oder das Aneignen von Gewohnheiten, kann aber auch ganz anders erfolgen. So gibt es viele Fälle, in denen Kinder gezwungen werden, bestimmte Dinge zu essen, die sie dann als Trotzreaktion ein Leben lang ablehnen. Andererseits kommt es auch sehr häufig vor, dass sich unser Geschmack und unsere Vorlieben im Laufe eines Lebens ändern. Dann essen wir als Erwachsene plötzlich Dinge gern, die wir als Kinder oder

Jugendliche nie mochten. Oder wir mögen plötzlich Gerichte nicht mehr, die früher einmal unsere absoluten Favoriten waren.

Schon daran sieht man, dass die Ausbildung von Essgewohnheiten und geschmacklichen Vorlieben ein sehr komplexer Vorgang ist, der von vielen Faktoren bestimmt wird. Der größte Teil dieses vielschichtigen Vorganges ist uns aber gar nicht bewusst, sondern spielt sich im Unterbewusstsein ab. Meist ohne dass wir es merken. So verankern sich diese Gewohnheiten und Vorlieben in den tieferen Schichten unseres Denkapparats und bestimmen von dort aus, was, wann und wie viel wir essen.

Das Übel an der Wurzel packen

Aus dem bisher gesagten, lässt sich eigentlich nur ein Schluss ziehen. Nämlich, dass die überzähligen Kalorien, die wir ständig zu uns nehmen, nicht die Ursache unserer Gewichtsprobleme sind, sondern eigentlich auch nur Symptome. Die wirklichen Ursachen unserer überflüssigen Pfunde sind unsere Gewohnheiten, Verhaltensmuster, Vorlieben und Abneigungen rund ums Essen. Würde man diese ganzen Zusammenhänge in einem Modell zusammenfassen, könnte man von einer Ursache und drei verschiedenen Ebenen von Symptomen sprechen.

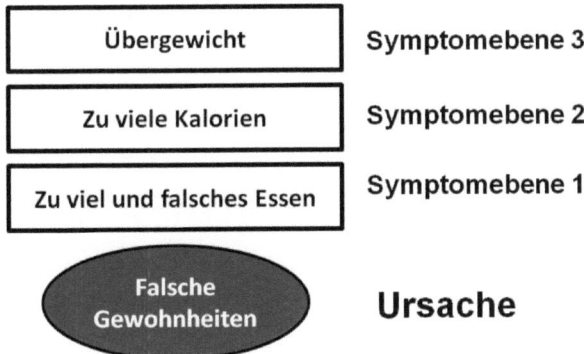

Nun wissen wir aus vielen anderen Bereichen unseres Lebens, dass sich kein Problem lösen lässt, indem man die Symptome kuriert. Lösen lassen sich Probleme nur dann, wenn man die Ursache für das Problem möglichst genau kennt und diese beseitigt oder so verändert, dass sich das Problem auflöst. Hat man die Ursache im Griff, verschwinden die Symptome ganz von alleine.

Wenn die Ursache unseres Problems die Essgewohnheiten und kulinarischen Vorlieben sind, die sich in unserem Unterbewusstsein etabliert haben, müssen wir hier ansetzen, um das Problem zu lösen. Folglich müssen wir einen Weg finden, um diese Gewohnheiten und kulinarischen Vorlieben zu ändern. Gelingt uns das, essen wir auch weniger, nehmen weniger Kalorien zu uns, essen mehr gesündere Nahrungsmittel und verlieren nachhaltig Pfund für Pfund.

Wenn es uns gelingt, Essgewohnheiten, die dick machen, durch solche zu ersetzen, die zu einer geringeren Kalorienzufuhr führen, nehmen wir ganz von alleine ab und halten unser Gewicht, ohne dass wir bewusst fasten, hungern oder aberwitzigen Diäten folgen.

Das setzt aber voraus, dass wir auf unsere Essgewohnheiten, sowie auf unsere Vorlieben und Abneigungen bewusst Einfluss nehmen und sie verändern. Dann verändern sich auch ganz automatisch die Mengen, die wir zu uns nehmen, die Umstände unter denen wir essen, die Zeitpunkte der Nahrungsaufnahme und die Art, wie wir unsere Mahlzeiten zu uns nehmen.

Gewohnheiten und Einstellungen kann man ändern

Wenn wir dauerhaft abnehmen wollen, reicht es nicht eine Zeit lang eine bestimmte Diät zu befolgen oder jeden Tag die Kalorien zu zählen. Stattdessen müssen wir unsere Verhaltensmuster rund um das Essen ändern. Dazu gehören nicht nur Gewohnheiten und Vorlieben für bestimmte Speisen, sondern auch die Einstellung zum Essen und zu unserem Leben insgesamt. Gelingt uns das, purzeln die Pfunde fast automatisch und jeder Gang zur Waage wird zum Erfolgserlebnis.

Um das aber zu erreichen, müssen wir auf unser Unterbewusstsein einwirken und bestimmte Denkschablonen löschen und neue Denkmuster etablieren, die unser Essverhalten positiv beeinflussen. Diese Denkmuster steuern dann unser Verhalten so, dass wir weniger essen, rechtzeitig aufhören, wenn wir satt sind, leichter Naschereien widerstehen und andere Nahrungsmittel als bisher bevorzugen. Aber wie gesagt, dazu müssen wir an unseren Verhaltensmustern und an unserer Einstellung arbeiten und diese so verändern, dass sie zur Gewichtsreduzierung oder Stabilisierung beitragen.

Dass dies möglich ist, sehen wir schon daran, dass unsere Gewohnheiten und Vorlieben sich im Laufe des Lebens ändern. Nicht alles, was wir als Kind mochten, mögen wir auch noch als Erwachsene und Einiges von dem, was wir heute mögen, war uns als Kind verhasst. Und die Angewohnheit, immer mehr zu essen als nötig ist, beim Fernsehen die Hand ständig in der Chipstüte zu haben, zuckerhaltige Limonaden zu trinken oder sich am Buffet den Teller hemmungslos zu füllen, sind keine angeborenen Verhaltensweisen. Diese Gewohnheiten haben wir uns mit der Zeit angeeignet und verinnerlicht. Folglich können wir sie auch ändern oder durch andere Gewohnheiten ersetzen.

Allerdings ist das nicht so einfach. Denn mit guten Vorsätzen und logischen Erklärungen kommt man hier nicht sehr weit. Gegen Suchtverhalten, lange praktizierte Gewohnheiten, tief sitzende Vorlieben und emotionale Festlegungen kommt kein logisches Argument an. Wir können rein rational hundertprozentig überzeugt sein, dass zu viel Zucker oder zu viel Fett schlecht für unseren Körper ist oder dass wir beim Essen nichts anderes nebenbei tun sollten, aber trotzdem greifen wir immer wieder zur Sahnetorte oder den Pommes frites und trotzdem nehmen wir das Stück Pizza vor den Fernseher und verschlingen es so nebenbei.

Wir leben und handeln, als wenn wir einem Programm folgen würden, in das wir immer wieder zurückfallen, ganz gleich, was wir rational darüber denken. Denn auch, wenn wir mit unserem rationalen Verstand denken, dass wir dies machen und jenes lassen sollen, erreichen diese Gedanken nicht die Tiefen unseres Unterbewusstseins, wo die Programmschleifen laufen, die unser Verhalten steuern.

Zum Glück sind diese Programme aber nicht unveränderlich, sondern lassen sich durchaus beeinflussen. Wobei dies umso leichter geht, je kürzer bestimmte Gewohnheiten und Vorlieben existieren. Schwieriger zu ändern, sind Gewohnheiten, die schon lange existieren und sich in unserem Kopf verfestigt haben. Am schwierigsten zu ändern sind Vorlieben und Abneigungen für bestimmte Speisen, die wir schon seit frühester Kindheit besitzen. Aber auch hier ist einiges möglich. Mit der richtigen

Technik und ausreichender Beharrlichkeit lassen sich im ganzen Spektrum unseres Essverhaltens Erfolge erzielen. Man muss nur anfangen und konsequent dabei bleiben.

Der Schlüssel zum Unterbewusstsein

Eine der besten Methoden, um direkt auf unser Unterbewusstsein einzuwirken, ist die Technik der Autosuggestion. Dabei kommen verbale Befehle oder Situationsbeschreibungen zur Anwendung, die wir selbst (Auto = selbst, *griechisch*) sprechen oder denken. Durch häufige Wiederholung dringen diese, meist kurzen Sätze, in den Speicherbereich unseres Unterbewusstseins ein und setzen sich dort fest. Von hier aus entfalten sie dann ihre Wirkung und beeinflussen unser Denken und Handeln, indem sie vorhandene Denkmuster verändern oder durch neue ersetzen.

Die neuronalen Prozesse, die dabei im Gehirn ablaufen, sind bis heute nur zum Teil erforscht. Das ist aber für die Anwendung nicht so wichtig. Denn für die Wirkung ist es relativ unerheblich zu wissen, was sich in unserem Gehirn genau zwischen den Neuronen, Synapsen und anderen anatomischen Elementen des Nervensystems abspielt. Entscheidend ist nur, dass die Methode der Autosuggestion funktioniert. Und das ist heute gut belegt und allgemein anerkannt. Recht gut bekannt ist im Übrigen auch, wie man Suggestionen formulieren und anwenden muss, damit sie die maximale Wirkung erzielen. Und nur darauf kommt es letztlich an.

Wie man suggestive Texte formuliert, welchen Anforderungen sie entsprechen müssen und wie man sie anwendet, werden wir in den folgenden Kapiteln ausführlich behandeln. Davor sollten wir uns aber noch etwas damit beschäftigen, was unser ganz eigenes, persönliches, individuelles Problem im Zusammenhang mit dem Essen ist. Nur wenn wir uns im Klaren darüber sind, welche Gewohnheiten und Vorlieben dafür verantwortlich sind, dass wir zu viele Pfunde mit uns herum schleppen, können wir auch ganz gezielt auf diese Verhaltensmuster einwirken und neue, positive Verhaltensmuster etablieren. Denn der beste Schlüssel zum Unterbewusstsein nützt nur etwas, wenn wir wissen, welches Schloss wir aufsperren wollen und wie dieses Schloss beschaffen ist.

Suggestionen, die wirken sollen, müssen maßgeschneidert sein und zielgerichtet angewendet werden. Nur so stellen sich die Erfolge ein, die wir anstreben.

Daher empfiehlt sich grundsätzlich folgende Vorgehensweise:

1. Identifizieren der negativen Gewohnheiten

2. Festlegen, ob Gewohnheiten einfach eliminiert werden sollen oder ob eine unerwünschte Gewohnheit durch eine andere ersetzt werden soll

3. Festlegen der Gewohnheiten, die erwünscht sind

4. Formulieren der Suggestionstexte

Ursachenforschung 1

Die Gründe, warum wir zunehmen oder warum wir einfach nicht abnehmen, können sehr unterschiedlich sein. Meistens ist es auch nicht ein Grund allein, sondern ein ganzes Bündel von Ursachen.

Bevor wir unsere persönliche Strategie zum Abnehmen entwickeln können, müssen wir diese Ursachen erst einmal ergründen. Dabei müssen wir herausfinden, was die Suggestionen bewirken sollen und wo wir im Netzwerk unserer Verhaltensmuster ansetzen können.

Um diese Ansatzpunkte zu identifizieren, gibt es verschiedene Möglichkeiten. Eine davon besteht darin, den gestrigen oder noch besser, einen für uns persönlich typischen Tag, einmal ganz langsam Revue passieren zu lassen und ihn darauf hin abzuklopfen, wann wir etwas gegessen oder getrunken haben. Jede dieser Situationen stellen wir uns dann genau vor und versuchen zu ergründen, warum wir etwas gegessen oder getrunken haben. Wenn wir dabei ehrlich sind, werden wir immer wieder feststellen, dass wir z.B. gegessen haben, weil uns langweilig war, dass wir uns eine zweite Portion genommen haben, obwohl wir nach der ersten Portion bereits satt waren oder dass wir zum Fernsehen schon wieder eine Tüte Chips geöffnet haben, obwohl das Abendessen erst dreißig Minuten zurück lag.

Es könnte auch sein, dass wir feststellen, dass wir kurz darüber nachgedacht haben, ein Mineralwasser zu trinken, uns dann aber doch für das Bier, die Cola oder den Fruchtsaft entschieden haben. Oder wie haben schon wieder am Vormittag zwei Schokoriegel verdrückt, nur weil sie gerade griffbereit waren. Und vielleicht waren da auch noch die paar Kekse bei der Besprechung, die bei genauer Betrachtung doch mindestens zehn waren und zusammen 400 kcal hatten.

Wenn wir den gestrigen oder einen typischen Tag in unserem Leben kritisch, ehrlich und gewissenhaft unter die Lupe nehmen, werden wir nicht nur erstaunt sein, was wir alles gegessen haben, sondern auch darüber, wie oft wir echte Dickmacher zu uns nehmen und aus welchen Gründen wir essen. Daraus können wir dann ableiten an welchen Verhaltensmustern wir arbeiten müssen und wo wir mit unseren Suggestionen ansetzen können.

Wer diese Art der Analyse betreibt, sollte das auf alle Fälle schriftlich tun und auch hinter jeder erfassten Mahlzeit und jedem erfassten Snack festhalten, wie viel man von etwas gegessen hat, warum man etwas gegessen oder getrunken hat und wie man sich dabei gefühlt hat. So erhält man ein umfassendes Bild von den eigenen Ernährungsgewohnheiten und Vorlieben.

Die Suche nach negativen Verhaltensweisen kann man entweder betreiben, indem man die betrachteten Tage nach bestimmten Verhaltensweisen absucht oder indem man Stunde für Stunde durch den Tag geht. Für welche Methode man sich entscheidet ist egal, solange man sie gründlich und konsequent anwendet.

Wem diese Methode zu umständlich ist oder wer befürchtet, dass er so nicht alle kleinen Zwischenmahlzeiten oder kulinarischen Unfälle erfasst, kann sich auch einer Checkliste bedienen, wie sie weiter unten abgebildet ist. Bei dieser Checkliste sind in der linken Spalte ungünstige Verhaltensmuster beschrieben und rechts davon befindet sich ein Bewertungsfeld mit schmalen Spalten. Die Ziffern über den schmalen Spalten haben folgende Bedeutung. Die 1 steht für „trifft für mich nicht zu" und die 5 für „trifft für mich in vollem Maße zu".

Sie können hier auch mit anderen Symbolen, wie z.B. + oder – arbeiten oder einen Farb-Code verwenden. Entscheidend ist nur, dass die Checkliste es Ihnen erleichtert, negative Verhaltensweisen zu identifizieren und sie nach Ihrer Bedeutung zu klassifizieren.

So eine Checkliste gibt zwar nur einen allgemeinen Überblick über unsere Ernährungsgewohnheiten und ist somit nicht so genau, wie eine tageweise Buchführung, erfüllt aber durchaus ihren Zweck. Jedenfalls, wenn man sie gewissenhaft und ehrlich ausfüllt.

Füllen Sie jetzt die Checkliste auf der nächsten Seite aus. Nehmen Sie sich dazu ruhig etwas Zeit und tun Sie es gründlich. Seien Sie aber vor allem ehrlich und betrügen Sie sich nicht selbst.

Wenn Sie glauben, dass die im Beispiel dargestellten Verhaltensweisen auf Sie nicht zutreffen, erstellen Sie eine eigene Liste. Eine Vorlage dazu finden Sie am Ende dieses Buches.

Verhaltensweise	1	2	3	4	5
Ich esse häufig mehr, als ich wirklich bräuchte, um satt zu sein.					
Es gibt viel zu viele Gelegenheiten, bei denen ich einfach zu Chips, Schokolade oder Popcorn greife.					
Ich esse oft aus Langeweile.					
Essen ist für mich oft eine Kompensation von Frust.					
Ich konzentriere mich nicht aufs Essen, sondern tue oft nebenher andere Dinge, wie Zeitunglesen, am Computer arbeiten etc.					
Ich nasche immer wieder unkontrolliert über den ganzen Tag.					
Ich kaue nur kurz und schlucke alles schnell runter.					
Ich esse zu wenig gesunde Nahrungsmittel, wie Gemüse Salat oder Vollkornprodukte.					
Ich esse zu viele schlechte Kohlehydrate (Weißbrot, Kuchen, Zucker).					
Ich esse zu viel Süßigkeiten und/oder trinke zu viele süße Getränke.					
Ich trinke zu viel Alkohol.					

Wenn Sie die Checkliste sorgfältig ausgefüllt haben, identifizieren Sie die Gewohnheiten, die Sie mit 4 oder 5 bewertet haben und nehmen sie diese als Basis für das weitere Vorgehen.

Das sind die Verhaltensweisen, die Sie mit erster Priorität ändern sollten. Wenn Sie mehr als zwei Gewohnheiten mit 4 oder 5 bewertet haben, dann konzentrieren Sie sich erst einmal auf die zwei, die sie als besonders gewichtig einschätzen. Die anderen kommen später dran. Es bringt nichts am Anfang gleich mit einer großen Zahl von Verhaltensänderung zu beginnen. Konzentrieren Sie sich lieber erst einmal auf die Wesentlichen und später erst auf die Weiteren.

Die abgebildete Checkliste hat unten eine leere Spalte. Die ist für Sie. Hier können Sie noch weitere Spalten ergänzen und einige ganz persönliche Verhaltensmuster aufnehmen, die in der allgemeinen Liste noch nicht berücksichtigt sind.

Ursachenforschung 2

Wenn Sie den ersten Teil der Ursachenforschung sorgfältig und ehrlich abgeschlossen haben, wissen Sie jetzt, auf welchen Gebieten, Sie Ihr Verhalten ändern sollten. Das reicht aber noch nicht aus, um wirkungsvolle Suggestionen zu formulieren, denn der Text von Suggestionen sollte möglichst präzise und spezifisch sein. Deshalb müssen Sie in die Analyse Ihres Verhaltens noch etwas tiefer einsteigen.

Denn Sätze, wie „Ich esse mehr, als ich wirklich bräuchte, um satt zu sein", zeigen uns zwar eine Problemzone unseres Essverhaltens auf, aber eben nur eine Zone oder ein Gebiet und keine spezifischen Verhaltensweisen, die man gezielt ändern könnte.

Um schädliche Verhaltensmuster zu ändern, müssen wir erst einmal genau beschreiben, was wir ändern wollen. Wenn Sie in dem Feld „Ich esse häufig mehr, als ich wirklich bräuchte, um satt zu sein" eine 4 oder eine 5 angekreuzt haben, müssen Sie jetzt klar benennen, was das in Ihrem ganz persönlichen Fall heißt. Nehmen Sie sich z.B. immer zu große Portionen, nehmen Sie nach, obwohl die erste Portion schon ausgereicht hätte, nehmen Sie am Buffet in der Kantine immer alle Komponenten, obwohl Sie sich vorgenommen haben, ab jetzt nur noch Fleisch und Gemüse zu essen oder essen Sie schon wieder etwas, obwohl die letzte Mahlzeit erst dreißig Minuten zurück liegt.

Genauso sieht es aus, wenn sie z.B. den Satz „Essen ist für mich oft eine Kompensation von Frust" mit einer hohen Ziffer versehen haben. Auch hier müssen Sie das negative Verhalten genauer beschreiben und sich erst einmal Gedanken darüber machen, wie die Situationen aussehen, in denen Sie Frust mit Essen kompensieren und wie Sie in diesen Situationen reagieren. Je präziser Sie hier in der Analyse sind, desto gezielter können Sie später mit Suggestionen auf diese Verhaltensmuster einwirken.

Was auch immer Ihr individuelles Problem ist, arbeiten Sie es heraus und beschreiben Sie es möglichst genau. Nur so können Sie es später mit gezielten Suggestions-Formeln angehen und verändern. Wobei Sie allerdings nicht bei allen negativen Gewohnheiten gleichermaßen in die Tiefe gehen müssen. Wenn Sie z.B. feststellen, dass bei Ihnen der Satz „Ich esse zu hastig und schlinge alles schnell hinunter" zutrifft, muss man diesen Satz nicht weiter aufschlüsseln. Das Verhalten, das wir abstellen wollen, ist durch diesen Satz klar genug beschrieben. Hierauf kann man mit entsprechenden Suggestionen zielgenau einwirken.

Wenn Sie erst einmal anfangen, sich mit den Verhaltensmustern, die Sie ändern wollen, zu beschäftigen, werden Sie schnell feststellen, wie weit Sie ein bestimmtes Verhalten spezifizieren müssen und wann es reicht, dieses Verhaltensmuster etwas allgemeiner zu betrachten. Entscheidend ist dabei immer, dass Sie sich bewusst werden, was genau Sie verändern wollen und wie das Zielverhalten aussieht, das Sie anstreben.

Suggestionen richtig formulieren

Wenn Sie sich im Klaren sind, welche Verhaltensweisen Sie ändern wollen, können Sie sich jetzt daran machen, die entsprechenden Suggestionstexte oder Affirmationen, wie sie auch genannt werden, dafür zu formulieren. Dazu werden in diesem Kapitel erst einmal die Grundsätze erläutert, die man beachten sollte, wenn man Suggestionstexte formuliert. Detaillierte Beispiele finden Sie dann jeweils in den Kapiteln, die sich mit den speziellen Verhaltensmustern beschäftigen. Die grundsätzlichen Regeln und Prinzipien für die Formulierung von Suggestionstexten oder Affirmationen sind aber hier schon einmal zusammengestellt.

In der Vergangenheit wurde immer wieder versucht, ganze Litaneien von Regeln aufzustellen, die man bei der Formulierung von Suggestionstexten oder Affirmationen einhalten muss. Manche dieser Regelwerke widersprechen sich aber selbst oder räumen zumindest ein, dass zu jeder Regel natürlich Ausnahmen existieren. Die Regeln, die ohne Wenn und Aber gelten, sind hingegen überschaubar, müssen aber bei der Formulierung eigener Affirmationen unbedingt beachtet werden:

- Formulieren Sie eine **klare Botschaft**. Eine Suggestionsformel sollte klar, unmissverständlich und einprägsam sein. Auf keinen Fall sollte der Text Interpretationsspielräume lassen oder doppeldeutige Worte verwenden.

- Verwenden Sie einen **einfachen Satzbau**. Keine Nebensätze, kein Bezug auf andere Affirmationen und keine komplizierten Wortkonstruktionen. Höchstens zwei Teilsätze oder Aufzählungen.

- Halten Sie die Suggestionsformeln **kurz**.

- Verwenden Sie **keinen Konjunktiv**.

- Formulieren Sie die Suggestionsformeln so, dass Sie auch daran **glauben können**. Wenn Sie 20 oder mehr Kilogramm Übergewicht haben, werden Sie einer Formulierung, wie „ich bin schlank und asketisch", niemals glauben. Sie wissen einfach zu sehr, dass das nicht so ist. Eine Formulierung, die Fortschritte beschreibt, ist hier deutlich besser. „Jeden Tag ein bisschen fitter, jeden Tag ein bisschen schlanker", wird die mentalen Filter zum Unterbewusstsein viel eher überwinden als unrealistische Formulierungen.

- Verwenden Sie Suggestionstexte, die Sie sich **gut vorstellen** können. Was man gesehen und erlebt hat, kann man sich besser vorstellen, als abstrakte Formulierungen.

- Verwenden Sie die **Gegenwarts-** oder **Zukunftsform**. Welche Form man wählt, hängt vom Inhalt und der Zielrichtung der Suggestionsformel ab. Bei Anweisungen an das Unterbewusstsein bietet sich die Gegenwartsform an. Bei Zielbeschreibungen die Zukunftsform.

Alle anderen Regeln, die man noch so liest, sind nicht so unumstritten und allgemeingültig, wie die oben aufgelisteten. So war man früher der Ansicht, dass man ausschließlich positive Formulierungen verwenden sollte, in denen kein „nicht", „nie" oder andere ähnliche Verneinungsformen vorkommen sollten.

Das sieht man heute etwas lockerer. Zwar gilt immer noch die Regel, grundsätzlich mit positiven Formulierungen zu arbeiten, aber es gibt eben auch Ausnahmen, in denen eine Verneinung vorkommen kann. Am Anfang sollten Sie aber trotzdem nur mit positiven Formulierungen arbeiten

Daneben findet man bei verschiedenen Autoren noch eine ganze Reihe von andern Regeln und Vorschriften, die sich aber nur bei diesen Autoren finden oder sich gegenseitig widersprechen. Für die praktische Arbeit reichen die zuvor aufgeführten Regeln aus. Mehr trägt meist nur zur Verwirrung bei.

Wenn Sie nach diesen Regeln eigene Suggestionstexte formulieren wollen, können Sie sich dabei zunächst auf folgende Textbausteine abstützen:

„Ich will …"(drückt aus, was Sie beabsichtigen).

„Ich kann …"(drückt aus, was Sie sich zutrauen).

„Ich werde…" (drückt aus, was Sie realisieren werden).

„Ich darf …" (drückt aus, was Sie sich selbst erlauben).

„Ich bin …"(drückt in einer Affirmation meist aus, wie Sie sein wollen, nicht, wie Sie jetzt wirklich sind. Der Idealzustand sollte aber nicht zu stark von der Realität, abweichen, da er sonst für das Unterbewusstsein wenig glaubhaft ist).

Beschreibung einer idealen oder erstrebenswerten Tätigkeit, wie „Ich **esse** langsam und konzentriert".

Zukünftige Entwicklungen, wie z.B. „Ich wiege jeden Tag etwas weniger" oder „Meine Willenskraft wird jeden Tag stärker".

Beschreibungen von Situationen oder Tatsachen, wie „Kekse sind ganz unwichtig".

Alleinstehende Symbol-Worte, wie „Kraft" und „Stärke". Sie wirken besonders gut, wenn man sie intensiv fühlt.

Unter Einhaltung der oben aufgeführten Regeln und unter Verwendung der beschriebenen Textbausteine lässt sich für den Anfang ein ausreichendes Repertoire an Suggestionstexten zusammenstellen. Im Übrigen sind in den Kapiteln, die sich mit den spezifischen Verhaltensmustern beschäftigen, auch direkt anwendbare Beispiele aufgeführt.

Wenn Sie etwas Routine in der Anwendung der Methode der Autosuggestion erlangt und einige Erfahrungen gesammelt haben, können Sie Ihre eigenen Suggestionstexte auch freier formulieren und Ihren besonderen Bedürfnissen anpassen.

Für den Anfang sollten die oben aufgeführten Textbausteine und die Beispiele in den folgenden Kapiteln aber ausreichen.

Der direkte und der indirekte Weg

Suggestionen oder Affirmationen lassen sich in unterschiedlicher Weise nutzen, um Verhaltensweisen und Vorlieben zu ändern. So empfiehlt es sich bei klar identifizierten negativen Verhaltensweisen auch mit ganz spezifischen Suggestionen zu arbeiten, die nur auf diese Aspekte unseres Essverhaltens abzielen. Solche Aspekte sind z.B. die Menge, die wir essen, bis wir satt sind, oder die Unsitte, beim Essen anderen Tätigkeiten, wie Zeitunglesen oder am PC arbeiten, nachzugehen. Einzelaspekte unseres Essverhaltens sind auch die Angewohnheit, nur kurz zu kauen und jeden Bissen sehr schnell herunterzuschlucken oder die Vorliebe für Lebensmittel, die sehr kalorienreich oder anderweitig ungesund sind. Auch das Bedürfnis nach Knabbereien, sobald man den Fernseher eingeschaltet hat, gehört genauso in diese Kategorie, wie die Angewohnheit, bei Frust sofort zur Schokolade zu greifen.

Gelingt es solche negativen Verhaltensmuster zu eliminieren oder durch positive Verhaltensweisen zu ersetzen, ist viel gewonnen. Um das zu erreichen werden Suggestionen so formuliert, dass sie genau auf diese unerwünschten Verhaltensweisen ausgerichtet sind. Das fokussiert die Wirkung der verwendeten Suggestionen auf einen Punkt und zeigt daher schnell erste Wirkungen. Es setzt aber voraus, dass wir eine realistische Ursachenforschung betrieben haben und die wirklich entscheidenden negativen Verhaltensmuster kennen.

Beispiele für solche stark spezialisierten Suggestionen sind: „Ich liebe Gemüse, Gemüse ist lecker" oder noch spezifischer „Ich liebe Karotten, Karotten sind lecker".

Wir können aber auch mit Suggestionen arbeiten, die nicht so eng gefasst sind und darauf abzielen, einen breiteren Bereich unseres Essverhaltens zu beeinflussen. Diese Suggestionen sind entsprechend weniger spezifisch formuliert, aber beziehen sich dennoch auf ein bestimmtes Verhalten. Beispiele für solche allgemeinen Suggestionen sind: „Ich esse jeden Tag ein bisschen weniger" oder „Ich bin satt und zufrieden".

Beide Arten, Suggestionstexte zu formulieren, nennt man auch den direkten Weg, da sie gezielt auf ein ganz bestimmtes Verhalten einwirken, das geändert werden soll.

Statt direkt einzelne Verhaltensweisen anzugreifen, kann man auch einen indirekten Ansatz wählen. Dabei wirken wir nicht auf konkrete Gewohnheiten oder Vorlieben ein, sondern stärken unsere Motivation abzunehmen oder beschreiben dem Unterbewusstsein nur das Ziel und überlassen es ihm, wie es dieses Ziel erreicht. Beispiele für Suggestionen der indirekten Methode sind: „Im Sommer bin ich schlank und fit" oder „Jeden Tag ein bisschen schlanker".

Wenn möglich sollten Sie immer beide Methoden miteinander kombinieren, da Sie so unterschiedliche Ebenen Ihres Unterbewusstseins ansprechen und dadurch einen Synergie-Effekt erzielen.

Die Voraussetzungen schaffen

Suggestionen wirken am besten, wenn sie in einem Zustand möglichst tiefer Entspannung gesprochen oder gedacht werden. Je mehr es Ihnen gelingt, Ihren gesamten Körper und Geist in einen Zustand tiefer Entspannung zu versetzen, desto leichter gelingt es den Suggestionsformeln die tiefen Schichten Ihres Unterbewusstseins zu erreichen und dort ihre Wirkung zu entfalten.

Dieser Zustand der tiefen Entspannung ist in erster Linie dadurch gekennzeichnet, dass wir die Grundspannung der Muskulatur verringern und die Muskeln vollkommen entlasten. Dabei weiten sich die Blutgefäße, der Herzschlag wird ruhiger und die Atmung gleichmäßiger. Tiefe Entspannung betrifft aber nicht nur die körperlichen Funktionen, sondern auch unseren mentalen Zustand. Deshalb bedeutet wahre Entspannung auch, unsere geistigen Aktivitäten herunterzufahren und eine angenehme Ruhe in unser Denken einkehren zu lassen. Je mehr es uns gelingt, hektische und beunruhigende Gedanken einfach loszulassen und ihnen nicht nachzuhängen, desto gelöster wird auch unser Körper und desto mehr gleiten wir in einen Zustand tiefer Entspannung. Wenn wir diesen Zustand erreicht haben, merken wir das, indem wir uns rundum wohl fühlen und die Hektik des Alltags immer mehr in den Hintergrund tritt. Oft geht das auch einher mit einem Gefühl der Schwere und Wärme.

Um diesen Zustand der tiefen Entspannung zu erreichen, gibt es viele Techniken. Sollten Sie mit einer der gängigen Methoden bereits Erfahrung gesammelt haben, dann verwenden Sie diese Methode auch hier für die Übungsblöcke mit den Suggestionen.

Wenn Sie keine Methode haben, mit der Sie vertraut sind, probieren Sie es einfach einmal mit ruhigem und bewusstem Atmen.

Legen Sie sich dazu flach auf den Boden oder nehmen Sie eine bequeme Sitzhaltung ein, und versuchen Sie möglichst an nichts zu denken. Lenken Sie Ihre Aufmerksamkeit auf Ihren eigenen Atem, wobei Sie ruhig, langsam und tief atmen. Halten Sie den Atem nach jedem Ein- und Ausatmen einen kurzen Moment an. Erzwingen Sie dabei nichts und versuchen Sie nicht, möglichst kraftvoll zu atmen oder möglichst lange Pausen zwischen dem Ein- und Ausatmen zu machen. Je natürlicher sich Ihr Atemrhythmus anfühlt, desto besser.

Die Konzentration auf den eigenen Atem führt in der Regel einen ausreichenden Entspannungszustand von ganz alleine herbei. Im Idealfall breitet sich mit der zunehmenden Entspannung von Körper und Geist ein Gefühl des Wohlbefindens aus, das uns zeigt, dass wir auf dem richtigen Weg sind.

Die einfachste Art, um über die Atmung eine Entspannung von Körper und Geist zu erreichen, besteht darin, in einem festen Rhythmus ruhig zu atmen und sich dabei auf den eigenen Atem zu konzentrieren.

Manchmal wird diese Atemübung auch mit einem Quadrat beschrieben bei dem jede Seite einen Teil des Atemrhythmus darstellt.

Da ein solches Quadrat oder ein Rechteck irgendwie an eine Kiste oder Schachtel (englisch box) erinnert hat sich im angelsächsischem Raum die Bezeichnung „Box-Breathing" etabliert.

Die Seitenlänge des Rechtecks steht dabei für die Zeit, die man für das Atmen oder die Atempause aufwendet.

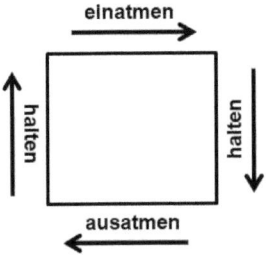

Viele Menschen kommen aber besser mit einem Rechteck klar, bei dem das Ein- und Ausatmen länger dauern, als die Pausen zwischen dem Ein- und Ausatmen.

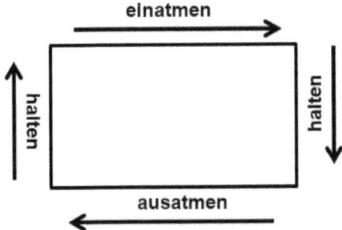

Neben dieser einfachen und schnell erlernbaren Entspannungsmethode, können Sie natürlich auch mit allen anderen Methoden weiter experimentieren. Vielleicht liegt Ihnen das autogene Training oder das Verfahren der progressiven Muskelentspannung mehr oder Sie sprechen besser auf die Methoden aus dem Bereich des Yoga an. Was immer Sie bevorzugen, ist gut, wenn es hilft, einen Zustand der tiefen Entspannung herbeizuführen.

Mit Suggestionen praktisch arbeiten

Damit Suggestionen wirken, muss man sie ernst nehmen und von der Methode überzeugt sein. Deshalb ist es entscheidend, dass Sie die Formulierungen auch voller Überzeugung und Kraft sprechen bzw. denken. Stellen Sie sich vor, Sie geben sich selber eine Anweisung oder einen Befehl. Tun Sie das immer mit so viel Nachdruck wie möglich. Legen Sie Ihre ganze Überzeugungskraft und Willensstärke in die Suggestionen. Schließlich wollen Sie doch Ihr Unterbewusstsein vom Inhalt der Suggestionen überzeugen. Stellen Sie sich, bevor Sie mit der Wiederholung der Suggestionsformeln anfangen, plastisch vor, wie die Suggestionen in Ihr Unterbewusstsein eindringen und sich dort festsetzen. Dann Wiederholen Sie die Suggestionen ausreichend oft.

Überhaupt ist die Wiederholung der Schlüssel zum Erfolg. Nur durch die Wiederholung dringen die Suggestionen in unser Unterbewusstsein ein und setzen sich dort fest. Das gilt sowohl für die Anzahl der Wiederholungen einer Suggestion innerhalb eines Übungsblockes, als auch für die Anzahl der Wiederholungen der Übungsblöcke.

Da Suggestionen umso stärker wirken, je fester Sie an ihren Inhalt und ihre Wirkung glauben, ist es wichtig, dass Sie sich selbst immer wieder von der Wirksamkeit Ihrer Suggestionen überzeugen. Erfahrungsgemäß stellt sich der Glaube an die Suggestionen mit den Wiederholungen der Ausführung von selber ein, denn Sie würden ja nicht weiter machen, wenn sie nicht davon überzeugt wären, dass diese Methode funktioniert.

Zur praktischen Anwendung der Suggestionen haben sich Übungsblöcke oder Trainingseinheiten bewährt, die wie folgt aufgebaut sind:

- Formulieren Sie Ihre Suggestionstexte, die Sie benutzen wollen.

- Wählen Sie einen davon aus, den Sie in diesem Übungsblock anwenden werden.

- Legen oder setzen Sie sich bequem hin und entspannen Sie sich.

- Konzentrieren Sie sich auf die gewählte Suggestionsformel und stimmen Sie sich auf die Anwendung der Suggestionen ein.

- Machen Sie sich selbst die Bedeutung dieser Übung und der gewählten Affirmation klar.

- Atmen Sie ruhig, entspannt und gleichmäßig.

- Sprechen oder Denken Sie die Suggestionsformel voller Kraft und Überzeugung.

- Wiederholen Sie die Formel 10- bis 20-mal.

- Verharren Sie noch einige Momente in tiefer Entspannung und lassen Sie die Formulierung wirken.

- Lösen Sie die Entspannung langsam auf und kehren Sie in den Alltag zurück.

Wenn Sie so einen Übungsblock einige Male praktiziert haben, beginnen sich die Suggestionen langsam in Ihrem Unterbewusstsein festzusetzen und von dort aus unbemerkt zu wirken.

Das muss jetzt kontinuierlich vertieft werden. Für die nächsten Wochen ist ein Übungsblock pro Tag ein guter Anhalt. Zwei Trainingseinheiten pro Tag wären besser.

Wenn die benutzten Affirmationen hinreichend im Unterbewusstsein verankert sind, können Sie die Suggestionsformeln auch mit in den Alltag nehmen und sie immer dann anwenden, wenn Sie mit der Verhaltensform konfrontiert werden, die Sie ändern wollen. Das sollten Sie aber erst tun, wenn Sie einige Trainingseinheiten oder Übungsblöcke in tiefer Entspannung und mit voller Konzentration absolviert haben. Geben Sie den Affirmationen die Chance, sich im Unterbewusstsein zu verankern, bevor Sie sie im Alltag einsetzen.

In den folgenden Kapiteln wird die Anwendung, der bisher erläuterten Grundsätze und Prinzipien an ganz konkreten Beispielen beschrieben. Nicht alle dieser Beispiele werden für jeden von Ihnen in gleichem Maße zutreffen, aber sie enthalten sicher genug Anregungen, um sie auf jeden individuellen Einzelfall zu übertragen.

Lernen Sie früher satt zu sein

Wer ständig mehr Kalorien zu sich nimmt, als er verbraucht, wird früher oder später die überzähligen Kalorien in Form von Körperfett ansetzen. Um dem entgegenzuwirken, gibt es prinzipiell zwei Möglichkeiten. Entweder wir verbrauchen mehr Kalorien, in dem wir uns mehr bewegen oder wir nehmen weniger Kalorien zu uns. Um das zu tun, kann man entweder die Menge reduzieren, die wir über den Tag zu uns nehmen, oder man kann kalorienreiche durch kalorienärmere Speisen ersetzen. Am besten tut man natürlich beides. Aber konzentrieren wir uns jetzt erst einmal auf die reine Menge. Präzisieren wir dazu zunächst unser persönliches Verhalten. Was trifft auf uns selbst am ehesten zu. Nehmen wir immer zu große Portionen, nehmen wir zu häufig nach oder essen wir einfach zu oft. Wenn Sie sich diese Fragen beantwortet haben, wissen Sie, was auf Sie zutrifft. Dann können Sie festlegen, welche Gewohnheiten Sie ändern wollen und auf was Sie sich zuerst konzentrieren werden. Passende Suggestionstexte, um die verschiedenen negativen Essgewohnheiten zu bekämpfen, lauten z.B.:

Suggestionstexte für das Problem „zu große Portionen"

Die kleine Portion reicht völlig aus.

oder

Ich genieße es, kleine Portionen zu essen und trinke gern ein Glas Wasser.

Suggestionstexte für das Problem „zu oft nachnehmen"

Ich esse eine Portion und dann ist gut.

oder

Eine Portion reicht völlig aus.

Suggestionstexte für das Problem „zu oft essen"

Ich bin satt und zufrieden.

oder

Die Hauptmahlzeiten reichen völlig aus.

Setzen Sie die gewählte Affirmation zuerst in einem Übungsblock ein und verankern Sie diese Suggestion in Ihrem Unterbewusstsein. Schon das wird, wenn Sie es oft genug wiederholen, eine deutliche Wirkung entfalten. Je öfter Sie die Affirmationen wiederholen und je öfter Sie üben, desto leichter wird es Ihnen fallen, bei zukünftigen Gelegenheiten auf die zweite Portion zu verzichten oder den Teller etwas weniger voll zu machen.

Die Betonung liegt hier aber auf den Worten „leichter fallen" und nicht darauf, dass irgendetwas von selber passiert. Affirmationen können Sie in Ihren Bemühungen unterstützen, den Willensaufwand geringer machen und Ihre Erfolgschancen deutlich erhöhen. Aber Sie müssen auch selbst mitmachen und die Veränderung wollen. Die Affirmationen geben Ihnen die Kraft Ihre Gewohnheiten und Vorlieben zu ändern, aber ändern müssen Sie sie selbst.

Voraussetzung dafür ist zunächst einmal, dass Sie entsprechende Affirmationen durch eine Serie von Übungsblöcken in Ihrem Unterbewusstsein fest verankern und so Ihr Unterbewusstsein darauf programmieren, grundsätzlich früher satt zu sein und bei Tisch weniger zu nehmen. Zusätzlich können Sie die gleichen Suggestionsformeln auch im Alltag anwenden. Und zwar genau dann, wenn Sie die Portion Extra-Kraft brauchen, um auf Ihre Verhaltensweisen direkt Einfluss zu nehmen. Wenn Sie sich also das nächste Mal in einer Situation befinden, in der Sie in Gefahr sind, zu viel zu essen, konzentrieren Sie sich auf eine passende Suggestionsformel und wiederholen Sie diese mehrfach so energisch wie möglich. Geben Sie sich selbst einen Befehl und bestehen Sie darauf, dass Sie diesen Befehl ausführen.

Gerne essen, was schlank macht

Wer seine kulinarische Erfüllung darin findet, einen knackigen Salat mit leichtem Dressing zu essen oder an rohen Möhrenstreifen zu knabbern, hat meist keine Probleme mit der schlanken Linie. Eine solche geschmackliche Ausrichtung bewahrt uns vor übermäßiger Kalorienzufuhr und zieht uns zu den gesunden Lebensmitteln hin. Aber wie die Statistik zeigt, gibt es nur wenige Menschen, deren Geschmacksinn so ausgerichtet ist. Die Masse fühlt sich mehr hingezogen zu panierten, frittierten, fetthaltigen oder süßen Speisen. Und die gibt es leider nicht in kalorienarm. Solange wir aber die Kalorienbomben vorziehen und die gesunden Alternativen meiden, wird es schwer, das Wunschgewicht zu erreichen und zu halten.

Nun hat wahrscheinlich jeder schon probiert, mit eiserner Disziplin die Curry Wurst mit Pommes und Mayo zu meiden und dafür den griechischen Salat mit extra wenig Dressing im Restaurant zu bestellen. Aber es haben auch die meisten Menschen schon mehrfach schmerzlich erfahren, dass die Sache mit der Disziplin nicht lange gut geht. Irgendwann setzen sich unsere Gelüste wieder durch und wir wählen das Gericht, das uns schmeckt und nicht das Gericht, das unser Verstand uns vorschlägt. Daran ändert auch unser schlechtes Gewissen nichts und auch nicht die Vorwürfe, die wir uns danach machen.

Solange wir nur mit Disziplin und rationalen Argumenten dagegen angehen, haben wir nahezu keine Chance unseren Speiseplan dauerhaft zu ändern. Nur wenn wir es schaffen, unsere geschmackliche Ausrichtung zu verändern, wird es uns auch gelingen, unsere Essgewohnheiten dauerhaft zu optimieren.

Dass es möglich ist, die geschmackliche Ausrichtung zu verändern, sehen wir schon daran, dass sich die geschmacklichen Vorlieben bei fast jedem Menschen im Laufe des Lebens ändern. Normalerweise geschieht dies aus unterschiedlichsten Gründen und meist ohne unser Zutun. Aber mit den richtigen Methoden lässt sich die geschmackliche Orientierung des Menschen auch bewusst beeinflussen und verändern.

So eine Veränderung von fest verankerten Vorlieben ist aber nicht einfach und erfordert eine Art Umprogrammierung des Unterbewusstseins. Autosuggestionen können dabei eine zentrale Rolle spielen. Sie müssen aber von anderen Maßnahmen begleitet werden, wenn sie zu einem nachhaltigen Erfolg führen sollen.

Wer glaubt, man müsse nur ein paar Affirmationen gedanklich wiederholen und würde dann ganz automatisch der Curry Wurst aus dem Weg gehen, macht sich die Sache zu einfach. Autosuggestionen sind zwar ein starkes Werkzeug, um Gewohnheiten zu ändern, aber Wunder können auch sie nicht bewirken. Nur wenn wir die Suggestionsformeln in ein Gesamtkonzept einbetten, werden sie ihre volle Wirkung entfalten und die gewünschte Verhaltensänderung herbeiführen.

Für die Wirkung von Suggestionen ist es wichtig, dass wir an sie glauben. Das fällt schwer, wenn wir uns nur suggerieren wollen, dass wir ab morgen alle Gemüsesorten mögen. Vor allem dann, wenn wir genau wissen, dass das nicht so ist. Wenn wir aber, bevor wir mit dem Einsatz der Suggestionen anfangen, positive Erlebnisse im Zusammenhang mit Gemüse schaffen, dann fällt es auch leichter daran zu glauben, dass Gemüse wirklich lecker sein kann. Dazu muss man zunächst einmal die Gemüsesorten identifizieren, die man gerne, oder zumindest lieber, als andere mag.

Kombinieren Sie jetzt die Gemüsesorten, die Sie wenigstens einigermaßen mögen, mit einer kleinen Menge von Speisen, die Sie besonders gern mögen. Also z.B. Blumenkohl mit einem kleinen panierten Schnitzel. Die Betonung liegt hier aber auf klein, wenn nicht sogar auf extrem klein. Der Blumenkohl soll satt machen. Das kleine Schnitzel ist nur der Motivator, um das Gemüse mit einem positiven Reiz zu verbinden. Noch besser ist es natürlich, wenn Sie als Motivator statt dem kalorienreichen Schnitzel, kalorienärmeren gedünsteten Fisch, gekochten Schinken oder kalorienarm zubereitetes, mageres Fleisch verwenden.

Ziel des ganzen Unterfangens ist es, ein positives Geschmackserlebnis im Zusammenhang mit Gemüse zu schaffen, das Ihre Affirmationen für Sie glaubhaft macht.

Wenn Sie die ersten Erfahrungen mit dem „geschmacklich aufgewerteten Gemüse" gemacht haben, verankern Sie diese Erfahrung mit den richtigen Suggestionsformeln in ihrem Unterbewusstsein.

Nach einiger Zeit werden dann die Suggestionsformeln alleine wirken und Sie werden immer mehr Gefallen am Gemüse finden. Auch wenn Sie das Gemüse alleine essen.

Passende Suggestionsformeln sehen dafür z.B. so aus:

Gemüse macht stark, Gemüse schmeckt köstlich.

Zum Salat greifen - heißt Siegen.

Ich liebe Brokkoli, Blumenkohl und Karotten (oder andere Gemüsesorten).

Mit Salat und Gemüse gegen die Pfunde.

Ich ziehe Gemüse immer vor.

Rohkost schmeckt, Rohkost macht schlank.

Mehr Gemüse, weniger Reis (oder weniger Kartoffeln, Nudeln etc.).

Gesund und grün bringt mich ans Ziel.

Wiederholen Sie diese Affirmationen intensiv in Ihren Übungsblöcken und rufen Sie dabei die Erinnerung an das positive Geschmackserlebnis mit dem Gemüse auf. Wiederholen Sie die Affirmationen aber auch, wenn Sie unmittelbar vor der Entscheidung stehen, ob Sie als Beilage heute die Pommes frites oder lieber den Brokkoli nehmen. Also z.B. an der Ausgabe-Theke in der Kantine, bei der Bestellung im Restaurant oder beim Einkaufen im Supermarkt.

Es geht auch ohne Süßigkeiten

Im Prinzip ist der Kampf gegen die Süßigkeiten nur ein Spezialfall, der in dem letzten Kapitel beschriebenen Problematik. Aber im Vergleich mit anderen Lebensmitteln sind Süßigkeiten eben für viele Menschen fast konkurrenzlos verführerisch. Denn der Zucker allein, aber vor allem die Kombination aus Zucker und Fett, machen Süßigkeiten zu unwiderstehlichen Objekten der Begierde. Manche Ernährungswissenschaftler sprechen bei einer Gewöhnung an den permanenten Konsum von Süßigkeiten sogar von einem suchtartigen Verhalten. Gerade deswegen ist es auch besonders schwer, von den Süßigkeiten los zu kommen. Mit reiner Disziplin kommt man auch hier nicht sehr weit. Denn natürlich kann man der Schokolade ein paarmal widerstehen, aber irgendwann wird jeder schwach und dann brechen meist die Dämme.

Wie bei jeder anderen Sucht ist es auch bei Schokolade, Keksen und Bonbons sehr schwer, ersatzlos darauf zu verzichten. Viel leichter ist es, darauf zu verzichten, wenn es gelingt, die eigene geschmackliche Orientierung etwas zu verändern und die Gier nach Süßem mit einer Alternative zu überlisten.

Die Veränderung der geschmacklichen Orientierung können wir mit entsprechenden Affirmationen erreichen. Für die kulinarischen Alternativen müssen Sie selber sorgen. Im Prinzip eignet sich dazu alles, was wenigstens ein bisschen süß ist, aber deutlich weniger Kalorien hat, als Schokolade und Kekse. Das kann für manche schon ein Streifen rohe Karotte sein, für andere, ist es ein Stück Apfel oder einige Erdbeeren. Auch ein kalorienarmes Joghurt, eventuell sogar mit ein bisschen Süßstoff, kann als Ersatz dienen. Wichtig ist, dass wir wissen, was unsere Begierde nach Süßem als Ersatz akzeptiert und dass der Ersatz zur Hand ist, wenn man ihn braucht.

Parallel dazu müssen wir die Affirmationen einsetzen, um unsere geschmackliche Programmierung zu beeinflussen. Dazu eignen sich z.B. Suggestionstexte wie:

Ein Apfel ist ein Hochgenuss.

Erdbeeren sind besser als Schokolade.

In der Erdbeere steckt der Genuss.

Meine Süßigkeiten sind Erdbeeren und Äpfel.

Mein Verlangen nach Schokolade (oder andere Süßigkeit) **wird kleiner und kleiner.**

Kekse sind ganz unwichtig.

Dem Teller mit Keksen widerstehe ich mit Leichtigkeit.

Kraft und Gesundheit statt klebrigen Süßkram.

Stellen Sie sich beim Sprechen der Suggestionstexte möglichst plastisch vor, wie der Genuss in der Erdbeere steckt, wie Sie diesen Genuss empfinden und wie der Geschmack der Erdbeere Ihre Gelüste vollständig befriedigt. Genießen Sie die Erdbeere mental, während Sie die Affirmationen wiederholen. Bei einer anderen Affirmation können Sie sich vorstellen, wie Ihr Verlangen nach Schokolade immer kleiner wird und schließlich verschwindet.

Wenn es Ihnen gelingt, Ihre geschmackliche Ausrichtung von der Schokolade, den Keksen und Gummiteilen in Richtung Obst zu verändern, haben Sie eine Menge erreicht. Noch mehr haben Sie aber erreicht, wenn Sie in einem zweiten Schritt das Obst durch Gemüse-Teile oder Ähnliches ersetzen.

Vielleicht müssen Sie am Anfang trotz suggestiver Unterstützung auch immer wieder einmal Ihre Willenskraft einsetzen, um nicht doch zur Schokolade, zu den Pralinen oder zu den Keksen zu greifen. Aber die regelmäßige Anwendung passender Suggestionen unterstützt ganz massiv jede Willensanstrengung und steigert die Erfolgschancen des Einsatzes unseres Willens deutlich. Um hier ein Bild zu verwenden. Der konsequente Einsatz von Suggestionen macht aus dem riesigen Berg, den wir sonst mit unserem Willen überwinden müssten, einen kleinen sanften Hügel.

Den Chips den Kampf ansagen

Eine besondere Form des Naschens sind die „fensehbegleiten-den" Knabbereien. Also all die Erdnüsse, Salzstangen und Chips, die wir regelmäßig konsumieren, wenn wir den Fernseher, die Spiele-Konsole oder den Computer einschalten. Je öfter wir diese beiden verschiedenen Tätigkeiten, Fernsehen und Chips essen, in der Vergangenheit miteinander kombiniert haben, desto intensiver hat unsere Unterbewusstsein gelernt, dass Fernsehen und Chips essen zusammengehören. Für das Unter-bewusstsein, sind die Kartoffel-Chips dann so etwas wie eine Belohnung, die beim Einschalten des Fernsehers fällig wird. Ein klassischer Fall einer Gewohnheit, die sich umso mehr verfestigt, je öfter wir nach diesem Schema handeln.

Um diese überflüssige und schädliche Kalorienquelle loszuwer-den, müssen wir das Nebenbei-Knabbern beim Fernsehen oder bei anderen Tätigkeiten systematisch verlernen. Dazu sollten Sie zunächst einmal im Rahmen der Ursachenforschung heraus-finden, bei welchen Tätigkeiten Sie automatisch zur Chipstüte, zur Erdnusspackung oder zu was auch immer greifen. Danach müssen Sie sich entscheiden, ob Sie das Knabbern beim Fern-sehen oder bei der Arbeit am Computer in einem einzigen Schritt ersatzlos streichen oder ob Sie unserem triebgesteuertem Ego erst eine Ersatzlösung anbieten wollen und sich erst in einem zweiten Schritt ganz von den Knabbereien lossagen.

Vorzuziehen ist hier die Variante mit der Ersatzlösung. Denn grundsätzlich ist es einfacher und erfolgversprechender, eine ne-gative Gewohnheit durch eine andere Aktivität zu ersetzen, als sie ersatzlos zu streichen.

Das bedeutet in die Praxis umgesetzt, dass Sie den Auslöser, vor dem Fernseher oder dem Computer Platz zu nehmen, mit einer anderen Gewohnheit koppeln, als dem Essen von Chips oder Erdnüssen. Eine Möglichkeit besteht darin, die Chips oder Erdnüsse durch eine gesündere Alternative, wie Apfelstücke, Blaubeeren oder Gemüsestreifen zu ersetzen.

Eine andere Möglichkeit besteht darin, eine manuelle Tätigkeit als Alternative zu den Erdnüssen und Chips anzubieten. So eine Alternative kann Stricken, das Drehen eines Zauberwürfels oder das Kneten eines Gummiballs sein. Auch dabei verbinden Sie das Fernsehen oder eine andere Tätigkeit, bei der Sie zu den Knabbersachen greifen, mit einer anderen, kalorienärmeren Beschäftigung.

Die Affirmationen, die Sie begleitend dazu einsetzen können, sind:

Zum Fernsehen esse ich Äpfel.

Fernsehen heißt Karotten.

Nur noch Karotten und Sellerie..

oder einfach

Ich liebe Karotten und Äpfel.

Ziel muss es aber bei diesem schrittweisen Vorgehen sein, dass Sie sich am Ende ganz von den Begleithandlungen trennen.

Das können Sie mit folgender Suggestionsformel einleiten und unterstützen:

Neben dem Fernsehen brauche ich nichts.

Am Computer bin ich voll konzentriert.

Über Versuchungen bin ich erhaben.

Gegen Versuchungen bin ich immun.

Ab jetzt stark und konzentriert.

Diese Affirmationen entfalten, wenn sie oft genug und intensiv genug angewendet werden, eine starke Wirkung, die Gewohnheiten ändern kann. Im Idealfall kommen Sie allein damit von den Knabbereien beim Fernsehen los. Trotzdem sollten Sie die Suggestionen immer mit zusätzlichen Maßnahmen begleiten. So ist es z.B. in diesem Zusammenhang ratsam, dass Sie die Knabbereien und Snacks, die Sie gewöhnlich beim Fernsehen zu sich nehmen, nicht im Haus haben. Zumindest in den ersten Tagen oder Wochen. Später sollten Sie sich so weit von den alten Gewohnheiten gelöst haben, dass Sie der Versuchung widerstehen können. Aber gerade am Anfang sollten Sie eine Art Firewall zwischen sich und den Objekten der Begierde errichten. Wenn Sie bestimmte Waren nicht sofort erreichen können oder gar nicht im Haus haben, können Sie auch nicht so leicht schwach werden.

Hunger und Appetit in den Griff bekommen

Statt ganz bestimmte Ernährungsfehler ins Fadenkreuz zu nehmen, können wir die Methode der Autosuggestion auch als eine Art mentalen Appetitzügler benutzen. Die Suggestionen dienen dann dazu, das oft übertriebene Hungergefühl auf ein normales Maß zu dämpfen und unseren übermäßigen Appetit in den Griff zu bekommen.

Nutzen Sie dazu die unten aufgeführten Suggestionen in mehreren Übungsblöcken hintereinander und dann immer wieder, wenn Sie konkret den Hunger oder Appetit bekämpfen wollen.

Ich esse nur, was mein Körper braucht.

Ich esse gesund, regelmäßig und ausgewogen.

Ich esse bewusst und bescheiden.

Ich esse nur, wenn ich echten Hunger habe.

Ich esse wenig und genieße es.

Ich bin der Herr über meine Begierden.

Den Heißhunger überlisten

Ideales Essverhallten zeichnet sich dadurch aus, dass wir nach einer Mahlzeit satt sind, mehrere Stunden bis zur nächsten Mahlzeit ohne Leidensdruck durchhalten und bei den Mahlzeiten aufhören zu essen, bevor wir unangenehm satt sind. In der Realität kommt es aber gelegentlich vor, dass wir auch zwischen den Hauptmahlzeiten plötzlich das intensive Gefühl verspüren, jetzt sofort etwas essen zu müssen. Oft ist dieses Gefühl, das wir gewöhnlich Heißhunger oder Fressattacke nennen, so intensiv, dass man sich kaum beherrschen kann und der Gier nach Nahrungsaufnahme hemmungslos nachgibt. Meist isst man dann nicht nur zur falschen Zeit, sondern auch zu viel und die falschen Dinge. In solchen Fällen setzt der Verstand zumindest kurzfristig aus. Und auch, wenn wir nachher bereuen, dass wir wieder einmal den Gelüsten nachgegeben haben, wird uns das beim nächsten Mal nicht schützen. Im Zweifelsfall siegt die Gier immer über den bewussten Verstand.

Sollten solche Heißhungeranfälle oder Fressattacken zu häufig vorkommen und sehr extrem ausfallen, könnte sich dahinter auch eine körperliche oder seelische Krankheit verbergen. Diabetes, Hormonstörungen oder psychische Erkrankungen können hier die Ursache sein. In diesen Fällen, sollten Sie unbedingt mit Ihrem Arzt reden, der Sie unter Umständen zu einem Spezialisten überweist.

Gelegentliche Fressanfälle kennen wir aber alle. Es gibt nur wenige Mitmenschen, die solche Momente nicht erlebt haben. Trotzdem sollte man Heißhunger Attacken unter Kontrolle bringen so gut es geht. Ein wirksames Mittel dagegen sind die

Anker- und Stop-Techniken, die in diesem Buch später noch beschrieben werden. Wir können ihnen aber auch mit allgemeinen Affirmationen vorbeugen und dadurch unsere generelle Bereitschaft zu solchen Fressanfällen heruntersetzen. Suggestionsformeln dafür sind:

Wenn ich satt bin, bin ich lange satt.

Hunger kann warten.

Essen kann warten.

Zwischen den Mahlzeiten bin ich stark.

Ich bin stark, ich widerstehe der Versuchung.

Stark sein heißt schlank sein.

Stark sein heißt das Übergewicht zu schlagen.

Diese Affirmationen sollten wir vor allem in den Übungsblöcken tief verinnerlichen, so dass sie zum Bestandteil unserer mentalen Grundausrichtung werden. Im konkreten Fall einer drohenden Essattacke können wir dann auf diese Affirmationen zurück-greifen. Dazu müssen wir sie dann besonders energisch und gebieterisch sprechen oder denken.

Langsam aber sicher

Das Gefühl satt zu sein, hängt nicht nur von einem vollen Magen und einem gesättigten Blutzuckerspiegel ab, sondern auch noch von vielen anderen Faktoren. So hat sich gezeigt, dass die Zeit, die wir für eine Mahlzeit aufwenden, einen nicht unerheblichen Einfluss auf das Eintreten des Sättigungsgefühls hat. Denn irgendwie braucht unserer Körper eine gewisse Reaktionszeit, bis er verstanden hat, dass wir genug Nahrung zu uns genommen haben.

Wenn wir zu schnell essen, haben wir zwar alle erforderlichen Nährstoffe aufgenommen, aber unser Körper hatte nicht die Zeit, das mental zu verbuchen. Scheinbar geht unsere biologische Programmierung davon aus, dass eine ausreichende Zufuhr von Energieträgern eine bestimmte Zeit dauert. Diese Zeit liegt aber näher bei 30 oder 40 Minuten, als bei 10 oder 12 Minuten. Wenn wir zu schnell essen, wird unser Gehirn erst zu spät realisieren, dass wir bereits genug gegessen haben. Dann werden die Portionen, die wir zu uns nehmen, immer größer ausfallen, als es wirklich nötig wäre.

Dabei spielt auch der Vorgang des Kauens eine entscheidende Rolle. Je intensiver und länger wir kauen, desto eher stellt sich ein Sättigungsgefühl ein und desto eher fällt es uns leicht, mit dem Essen aufzuhören.

Wenn wir also dauerhaft abnehmen wollen, müssen wir uns angewöhnen, langsamer zu essen, die Mahlzeiten über einen längeren Zeitraum zu strecken und intensiver zu kauen. Dazu müssen wir die Gewohnheit „schnell essen und schnell runter schlucken" durch die Gewohnheit „langsam essen, immer wieder kleine Pausen machen und intensiv kauen" ersetzen.

Auch wenn das für viele eine gewisse Umstellung bedeutet, ist es doch im Vergleich zu der Herausforderung, auf Süßigkeiten zu verzichten, eher einfach. Denn im Gegensatz zum Verzicht auf Süßigkeiten, handelt es sich hier wirklich nur um das Ändern einer Gewohnheit und nicht um tiefsitzende Begierden und Suchteffekte. Reine Gewohnheiten kann man mit etwas Hartnäckigkeit und den richtigen Suggestionen aber relativ leicht ändern.

Zweckmäßige Suggestionstexte hierfür sind z.B.:

Zum Essen nehme ich mir alle Zeit der Welt.

Langsam Essen heißt in vollen Zügen genießen.

Ruhig essen, kleine Pausen, alles Genießen.

Beim Essen kaue ich kräftig und lang.

Lange kauen heißt lange genießen.

Ich esse langsam und genieße in vollen Zügen.

Um diesen Affirmationen zur vollen Wirkung zu verhelfen, sollten Sie sie auch betont langsam und getragen sprechen oder denken. Sie sollten dabei die Langsamkeit und Entschleunigung nicht nur fühlen und verinnerlichen, sondern auch richtig genießen. Stellen Sie sich zwischen den Affirmationsätzen immer wieder vor, wie Sie das langsame Essen genießen, wie Sie dadurch die feinen Geschmacksnuancen wahrnehmen, die Ihnen beim hastigen Essen alle entgangen sind. Begreifen Sie sinnlich, dass langsames Essen mehr Lebensqualität bietet, als die zeitlich optimierte Schnellverpflegung.

Begleitend zu der Anwendung der Suggestionstexte sollten Sie auch alles tun, was dazu beiträgt die Essgeschwindigkeit zu verringern. Schneiden Sie jeden Bissen einzeln ab, arrangieren Sie den Inhalt Ihres Tellers ab und zu um, legen Sie das Besteck zwischen jedem Bissen ab und machen Sie kleine Pausen. Vor allem aber, gewöhnen Sie sich an, langsam und intensiv zu kauen.

Vergessen Sie nicht. Die Suggestionen werden Sie dabei unter-stützen und es Ihnen leichter machen Ihre Gewohnheiten zu ändern, aber Sie müssen auch selbst mitarbeiten. Vor allem muss Ihnen klar sein, dass sich lang eingefahrene Gewohnheiten nicht an zwei bis drei Tagen ändern lassen. Ein bisschen Hart-näckigkeit müssen Sie auch hier mitbringen.

Mit voller Konzentration

Ein anderer entscheidender Faktor, um satt zu werden, ist die Aufmerksamkeit und Konzentration, die wir auf das Essen verwenden. Je beiläufiger wir essen und je mehr wir neben dem Essen anderen Tätigkeiten nachgehen, desto weniger wird sich bei uns ein Gefühl der Sättigung einstellen. Offensichtlich realisiert unser Körper gar nicht, dass wir überhaupt etwas gegessen und wie viel wir bereits zu uns genommen haben, wenn der Schwerpunkt unser Aufmerksamkeit nicht auf der Einnahme einer Mahlzeit, sondern auf andern Aktivitäten liegt. Folglich stellt sich das Gefühl der Sättigung zu spät oder in zu geringem Umfang ein, wenn wir während der Arbeit, mit der Hand am Smartphone oder während des Autofahrens unsere Mahlzeiten zu uns nehmen. Ein rechtzeitiges und intensives Sättigungsgefühl ist aber entscheidend, damit es uns leicht fällt, mit dem Essen aufzuhören oder auf den Nachschlag zu verzichten.

Daher sollten wir Mahlzeiten, wenn möglich, gemeinsam einnehmen, uns dazu an einem gedeckten Tisch versammeln und vielleicht sogar das Essen ein wenig zelebrieren. Denn dann unterbrechen wir die Arbeit oder die Freizeitaktivität ganz automatisch und konzentrieren uns ausschließlich auf die Einnahme der Mahlzeit. Leider sieht die Realität heute aber oft ganz anders aus. Wir frühstücken, während wir die Zeitung lesen oder am Smartphone die Emails checken, wir nehmen das Mittagessen aus der Plastikbox vor dem Computer ein und wir nehmen die Fastfood Pizza mit vor den Fernseher. Jedes Mal steht dabei nicht das Essen im Zentrum unserer Aufmerksamkeit, sondern irgendeine andere Tätigkeit oder Beschäftigung.

Das Essen findet dann so nebenbei statt. Beinahe, ohne dass wir es überhaupt bemerken. Aber ohne die bewusste Wahrnehmung der Tätigkeit des Essens tritt das Sättigungsgefühl verspätet und in sehr geringem Umfang ein. Daher essen wir gedankenlos mehr, als gut für uns ist oder wir haben schnell wieder Hunger.

Suggestionen, die man gegen das gedankenlose Essen einsetzen kann und die uns helfen andere Tätigkeiten während des Essens zu unterbrechen, sind z.B.:

Beim Essen tue ich nichts anderes.

Ich zelebriere jede Mahlzeit mit Hingabe und Konzentration.

Ich esse mit allen Sinnen und voller Konzentration.

Erst die Konzentration auf das Essen bringt den vollen Genuss.

Mit allen Sinnen und voller Konzentration zu Tisch.

Wenn Sie eingesehen haben, dass das Essen während des Autofahrens, Fernsehens, Arbeitens oder während der Beschäftigung mit dem Computer eine der Ursachen Ihres Gewichtsproblems ist, haben Sie die Schlacht schon halb gewonnen. Mit einer Portion Ausdauer und der Anwendung, der hier aufgeführten Affirmationen, lässt sich diese Gewohnheit relativ leicht abstellen. Jedenfalls im Vergleich mit anderen negativen Gewohnheiten. Sie müssen nur davon überzeugt sein, dass das achtlose Nebenbei-Essen einen Teil Ihres Problems darstellt, und Sie müssen entschlossen sein, diese Gewohnheit jetzt und für immer zu ändern. Den Rest schaffen Sie mit den regelmäßig angewendeten Affirmationen.

Der Fluch der kleinen Snacks

Abnehmen wäre um vieles leichter, wenn wir uns auf die Einnahme der sogenannten Hauptmahlzeiten beschränken könnten. Denn dann wäre die aufgenommene Kalorienmenge viel leichter zu kontrollieren und wir würden auch nur dann essen, wenn sich wieder echter Hunger eingestellt hat, statt den momentanen Gelüsten und Begierden nachzugeben.

Leider sieht auch hier die Realität etwas anders aus. Hier ein paar Kekse während des Meetings, dort ein paar Salzstangen vor dem Computer und ein paar Gummibärchen auf dem Nach-hause-Weg. Dann vielleicht noch eine Hand voll Erdnüsse, eine Scheibe Käse oder zwischendurch einen Schokoriegel. Alles kleine Happen, die für sich allein harmlos sind. Aber über den Tag verteilt, ergeben sie schnell 800, 1000 oder noch mehr Kilokalorien. Hinzu kommt, dass die kleinen Happen zwischendurch nicht satt machen. Sie gehen im Rauschen der Nahrungsaufnahme unter und tragen in erheblichem Maße zu unserer täglichen Kalorienbilanz bei, ohne ein Gefühl der Sättigung zu vermitteln. Sie sind, für sich genommen, eine der größten Ernährungssünden unserer Zeit. Also höchste Zeit das Problem anzugehen.

Ziel muss es dabei sein, uns auf die Hauptmahlzeiten zu konzentrieren und damit ein echtes Gefühl der Sättigung zu erreichen. Gleichzeitig müssen wir versuchen, das Einnehmen von Zwischenmahlzeiten und Snacks gänzlich zu verlernen. Dazu ist der erste Schritt die konsequente Umsetzung des vorherigen Kapitels. Nur wenn wir die Hauptmahlzeiten ein klein wenig zelebrieren und sie konzentriert und ohne „Nebentätigkeiten" einnehmen, werden wir das Sättigungsgefühl erreichen, das es uns ermöglicht, die Zeit zwischen den Hauptmahlzeiten snacklos zu überstehen.

In den Übungsblöcken können Sie die Neigung zwischendurch zu essen mit folgenden Affirmationen grundsätzlich angehen:

Ich esse dreimal am Tag. Das reicht.

Morgens, mittags und abends ist genug.

Ich esse nur, wenn ich wirklich hungrig bin.

In der konkreten Situation, wenn Sie in Versuchung sind wieder einmal zwischendurch etwas zu essen, empfehlen sich kurze, gebieterische und befehlshafte Affirmationen, mit denen Sie Ihren Willen ausdrücken und sich selbst zur Disziplin rufen. Beispiele hierfür sind:

Jetzt nicht.

Ich bin stark, ich bin satt.

Ich bin satt und habe mich im Griff.

Ich bin satt und zufrieden.

Stellen Sie sich während der Übungsblöcke möglichst plastisch vor, wie Sie in Versuchung geraten und die Situation mit einer der oben beschriebenen Affirmation meistern. Dabei sprechen Sie die Affirmation und verbinden Sie so mit derartigen Situationen.

Kontrolle über das eigene Essverhalten

Viele der bisher beschriebenen negativen Essgewohnheiten haben damit zu tun, dass wir die Kontrolle über das eigene Essverhalten verloren oder nie besessen haben. Wir essen zu viel, wir essen zu oft, wir essen das Falsche und wir können den vielen kleinen Versuchungen nicht widerstehen. Dabei wissen die meisten von uns sehr genau, was sie essen, wann sie aufhören und wovon sie die Finger lassen sollten. Aber es hilft nichts. Wie schon mehrfach erwähnt, kommt die bloße Einsicht nur selten gegen die Versuchung und Gier an. Statt uns vom Essen abzuhalten, glänzt unser Verstand eher damit, Entschuldigungen zu liefern und das eigene Verhalten zu rechtfertigen. Eventuell auch gepaart mit Reue und Vorwürfen, wenn unsere Selbstdisziplin wieder einmal versagt hat und unsere Willenskraft zu gering war.

Kontrolle über unser Essverhalten ist aber zum Abnehmen oder Gewichthalten entscheidend. Wir sollten daher alles tun, um diese Kontrolle zu behalten oder wiederzuerlangen, falls wir sie bereits verloren haben.

Um die Schwelle, die unsere Willenskraft dabei jedes Mal überwinden muss, nachhaltig zu senken, können Affirmationen sehr hilfreich sein. Zweckmäßige und wirkungsvolle Formulierungen sind hier:

Mein Wille siegt immer und überall.

Ich kontrolliere immer und überall was und wann ich esse.

Mein Wille ist stark und widersteht jeder Versuchung.

Totale Beherrschung, totale Kontrolle.

Selbstbeherrschung führt zum Ziel.

Mich zu beherrschen gelingt mir mehr und mehr.

Mich zu beherrschen gelingt mir jeden Tag besser.

Ich bin selbstbeherrscht und stark.

Mit Disziplin und Willensstärke löse ich jedes Problem.

Selbstbeherrschung ist der Schlüssel zum Erfolg.

Stark und beherrscht dem Wunschgewicht entgegen.

Bei diesen Affirmationen sprechen wir keine speziellen Gewohnheiten an, sondern zielen auf die grundsätzliche Stärkung unserer Willenskraft und Selbstkontrolle ab. Sie wirken sich daher positiv auf alle Anstrengungen aus, die darauf abzielen negative Gewohnheiten durch positive zu ersetzen. Sie wirken als eine Art Multiplikator oder Verstärker für die speziellen Affirmationen, die eine ganz bestimmte Gewohnheit oder Vorliebe zum Ziel haben. Sie geben uns die innere Kraft, ohne zermürbende Anstrengungen den Begierden und Versuchungen zu widerstehen und so zu handeln, wie wir es für richtig halten und wie es unsere Ziele erfordern.

Gerade bei diesen Affirmationen kommt es darauf an, dass Sie sie kraftvoll sprechen oder denken und dass Sie wirklich fühlen, was Sie sagen. So werden sich die Suggestionsformeln in Ihrem Unterbewusstsein festsetzen und sich in der realen Welt manifestieren.

Wie man sich ganz leicht zu mehr Bewegung motiviert

Weniger Kalorien pro Tag und die richtigen Lebensmittel, sind bestimmt ein guter Anfang auf dem Weg zur Traumfigur. Aber die richtige Ernährung ist eben nur die halbe Miete. Genauso wichtig wie das Einsparen von Kalorien und der Wechsel zu gesünderen Lebensmitteln, ist ausreichend Bewegung. Denn damit können wir nicht nur ein paar extra Kalorien verbrauchen, sondern wir kurbeln durch die Bewegung auch unseren Stoffwechsel an, was ebenfalls positive Effekte auf das Abnehmen hat. Außerdem kann man durch Sport die Muskelmasse erhöhen oder zumindest erhalten, und so auch unseren Grundumsatz erhöhen.

Tun Sie das, was Ihr Gesundheitszustand zulässt und was Ihnen Spaß macht oder zumindest was Sie am wenigsten Überwindung kostet. Idealerweise sollten in Ihrem Trainingsprogramm immer sowohl Ausdauer- als auch Krafteinheiten vertreten sein. Aber wenn Sie nur schwimmen oder Fahrrad fahren, ist das auch gut. Jede verbrannte Kalorie, jeder Pulsschlag mehr und jedes zusätzliche Gramm Muskelmasse bringt Sie Ihrem Ziel näher. Es ist nicht die große einmalige Anstrengung, die zählt, sondern es sind die kleinen Aktivitäten, die kontinuierlich ausgeführt werden. Dazu muss man aber bei der Stange bleiben, dann fällt die Bewegung auch immer leichter.

Aber hier liegt bei den meisten Menschen das Problem. Nach einigen guten Vorsätzen und ersten Anläufen, finden sich schnell Ausreden, warum gerade heute keine Zeit für Sport ist, dass es regnet und dass man ja auch morgen mit dem Programm weitermachen kann. Irgendwann verflüchtigen sich dann die guten Vorsätze und man endet wieder da, wo man angefangen hat. Auf der Couch oder vor dem Fernseher.

Um das zu verhindern müssen wir unsere tief sitzende Motivation, sich mehr zu bewegen, steigern und die Schwelle, die wir mit unserem Willen überwinden müssen, heruntersetzen. Dazu müssen wir in unserem Unterbewusstsein eine positive Einstellung zu Sport und Bewegung einpflanzen.

Im Idealfall kann das dazu führen, dass wir sportliche Aktivitäten wirklich mögen und uns darauf freuen, endlich wieder körperlich aktiv zu werden. Das können wir durch eine konsequente Anwendung der folgenden Affirmationen erreichen:

Bewegung macht schlank. Dort will ich hin.

Jeder Schritt bringt mich weiter.

Nur der Wille zählt.

Jeden Tag ein bisschen fitter, jeden Tag ein bisschen schlanker.

Ich genieße es mehr und mehr zu laufen. (oder andere Sportart)

Sport ist meine Erfüllung. Ich wachse über mich selbst hinaus.

Sport treiben fällt mir leicht, Sport treiben macht mir Spaß.

In der Bewegung finde ich meine Erfüllung.

Wenn Sie diese oder ähnliche Affirmationen regelmäßig anwenden, wird es Ihnen deutlich leichter fallen, sich zum Sport zu motivieren und vor allem sinkt die Wahrscheinlichkeit, dass Sie Gründe suchen, warum es gerade heute nicht geht.

Wenden Sie die Affirmationen nicht nur in den speziellen Übungsblöcken an, in denen Sie sich entspannt zurückziehen und die Formeln mehrfach wiederholen. Greifen Sie auf Ihre Suggestionsformeln vor allem auch dann zurück, wenn Sie kurz davor sind, Ihre Laufschuhe anzuziehen oder ins Fitness Center zu fahren. Erinnern Sie sich in solchen Momenten, wie Sie es gestern geschafft haben und geben Sie sich mit kraftvoll gesprochen Affirmationen den nötigen Kick, um wieder loszulegen. Die regelmäßige Anwendung der Affirmationen wird es Ihnen leichter machen, den inneren Schweinehund zu überwinden und der körperlichen Aktivität einen festen Platz in Ihrem Leben zu geben.

Wenn Sie nicht gerade ein Bewegungsfanatiker sind und eigentlich die Couch der Sporthalle vorziehen, sollten Sie am Anfang Ihr Pensum eher zu niedrig, als zu hoch ansetzen. Machen Sie lieber weniger, und vor allem quälen Sie sich nicht. Andernfalls werden Sie schnell Gründe finden, Ihr sportliches Programm immer wieder ausfallen zu lassen, und irgendwann stellen Sie es dann ganz ein. Machen Sie einfach so wenig, dass Ihr innerer Widerstand dagegen so gering ist, dass Sie ihn spielend überwinden können. Machen Sie das aber regelmäßig und gewöhnen Sie sich daran. Gewohnheit macht alles erträglicher und leichter. Woran man sich erst einmal gewöhnt hat, kann man mit der Zeit auch intensivieren.

Behalten Sie immer im Kopf, dass jede Minute Bewegung dabei hilft, Sie Ihrem Ziel ein kleines Stückchen näher bringt. Und vergessen Sie nicht, stolz auf sich zu sein. Kosten Sie diesen Stolz auch aus. wenn Sie sich körperlich betätigt haben.

Sich nach dem Sport gut fühlen und dieses Gefühl bewusst zu genießen, wird Ihre Einstellung zur körperlichen Betätigung mehr und mehr positiv beeinflussen. Geben Sie sich im Übrigen auch dann dem Stolz und den positiven Gefühlen hin, wenn Sie nur eine kurze und wenig intensive Trainingseinheit absolviert haben. Jede kleine Aktivität ist besser als keine und ist somit Grund genug, stolz darauf zu sein. Selbst zwei Stockwerke zu Fuß, statt mit dem Lift, sollten Sie als ganz persönlichen Erfolg verbuchen und als Ansporn für die nächste Aktivität nutzen.

Mit Suggestionen direkt auf den Körper einwirken

Bisher hatte die Anwendung von Suggestionen immer unser Verhalten, unsere Gewohnheiten und unsere geschmacklichen Vorlieben zum Ziel. Das ist auch ein guter Ansatz, weil diese drei Größen bestimmen, wann, was und wie viel wir essen, und weil unsere Essgewohnheiten die häufigste Ursache von Gewichtsproblemen sind.

Es ist auch deshalb ein zweckmäßiger Ansatz, weil die Veränderung von Gewohnheiten mittels Autosuggestion ein relativ gut erforschtes Gebiet ist und die Änderung von Verhaltensmustern mit Suggestionen leichter zu erreichen ist, als die Beeinflussung körperlicher Vorgänge. Dennoch sollten wir auch dieses Gebiet der Anwendung von Suggestionen nicht außen vor lassen, da viele Menschen auch damit gute Ergebnisse erzielt haben und weil es immer besser ist, ein Problem von mehreren Seiten zu bearbeiten, als nur mit einer Methode.

Dass der Geist einen Einfluss auf unseren Körper hat, sieht man schon am sogenannten Placebo Effekt, der mittlerweile nicht nur zweifelsfrei nachgewiesen, sondern auch allgemein akzeptiert ist. Im Wesentlichen besteht der Placeboeffekt darin, dass auch Scheinmedikamente, die überhaupt keinen Wirkstoff enthalten, eine körperliche Reaktion hervorrufen können. Der Glaube, dass ein Wirkstoff verabreicht wurde, und die Erwartung einer Wirkung, rufen hier bei vielen Menschen eine reale Reaktion hervor, die ähnlich oder gleich ausfällt, wie wenn der Wirkstoff wirklich verabreicht worden wäre. Das zeigt, dass geistige Vorgänge, wie Glauben, Erwartung und Einbildung, durchaus in der Lage sind, körperliche Reaktionen hervorzurufen.

Diesen Effekt können wir auch zum Abnehmen nutzen, indem wir mittels Autosuggestion unsere körperlichen Prozesse beeinflussen. Dabei können wir mit entsprechenden Suggestionen vor allem auf den Stoffwechsel und die Fettverbrennung einwirken.

Suggestionen im Wachzustand sind natürlich nicht so stark, wie solche, die im Zustand der Hypnose angewendet werden, aber sie sind doch stark genug, um bei vielen Menschen eine nachweisbare Wirkung zu erzielen. Ein Beispiel hierfür, ist das beim autogenen Training mental hervorgerufene Wärmegefühl, das im Wesentlichen auf einer Weitung der Gefäße beruht.

Welchen Einfluss unsere geistigen Vorstellungen auf körperliche Prozesse haben, kann man auch gut daran sehen, wie wir auf den Gedanken an eine Zitrone reagieren. Schon die reine Vorstellung von dieser sauren Frucht führt dazu, dass sich die Muskeln um die Mundpartie zusammenziehen und der Speichelfluss angeregt wird. Dazu brauchen wir nicht einmal eine Zitrone zu sehen, zu schmecken oder zu riechen. Schon der Gedanke daran reicht aus, um die körperlichen Reaktionen hervorzurufen.

Auch im mentalen Training von Spitzensportlern gibt es viele dokumentierte Beispiele, in denen sich rein mentale Übungen auf körperliche Vorgänge auswirken. So zeigen verschiedene Studien, dass durch die intensive Vorstellung von Bewegung ein Muskelwachstum ausgelöst werden kann. Andere Studien zeigen, dass sich auch die Schnellkraft und Motorik durch mentales Training verbessern lässt.

Zum Abnehmen können wir diese Wirkung von Suggestionen nutzen, um z.B. den Stoffwechsel oder die Fettverbrennung anzuregen. Entsprechende Suggestionstexte dazu lauten z.B.:

Ein guter Stoffwechsel lässt die Pfunde schmelzen.

Im Feuer meines Willens verbrennt das Fett.

Ich verbrenne Kalorie für Kalorie.

Das Fett schmilzt, der Körper wird stark.

Die Kalorien verbrennen im Feuer meines Willens.

Meine Enzyme und Hormone machen mich schlank.

Mein Unterbewusstsein macht mich schlank und stark.

Mein Stoffwechsel wird immer besser.

Die Wirkung der verbalen Affirmationen kann durch die bildliche Vorstellung eines starken und effizienten Stoffwechsels noch verstärkt werden. Sehen Sie vor Ihrem geistigen Auge und fühlen Sie, wie Ihr Körper die aufgenommene Nahrung in Energie verwandelt, während Sie die Suggestionsformeln denken oder sprechen.

Parallel zu den Affirmationen hilft zur Intensivierung des Stoffwechsels und der Fettverbrennung natürlich Bewegung jeder Art.

Anker-Technik

Allein die häufige Wiederholung richtig formulierter Affirmationen wird in vielen Fällen ausreichen, um die gewünschte Gewichtsveränderung herbeizuführen. Auf jeden Fall wird es Ihnen aber das Abnehmen oder Gewichthalten deutlich erleichtern. Trotzdem kann man natürlich noch andere Mentaltechniken zusätzlich zum Einsatz bringen, um den Erfolg der Autosuggestions-Methode zu vertiefen und zu intensivieren. Eine dieser Methoden, die wir parallel zu der Wiederholung unserer Affirmationen anwenden können, ist die sogenannte Anker-Technik. Diese ursprünglich aus dem Neurolinguistischen Programmieren (NLP) stammende Methode basiert auf einer bewusst hergestellten Verbindung zwischen bestimmten Signalen (Reizen) und gewünschten Reaktionen. Die Signale oder Reize werden dabei als Anker bezeichnet. Die Verbindung eines Ankers mit bestimmten Reaktionen als Anker-Technik.

Bei der Anwendung der Anker-Technik müssen wir uns zunächst überlegen, welche Reaktion wir gezielt abrufen möchten. Dabei kann es sich um Gefühle handeln, die man wecken will, aber auch um Gedanken oder ganz konkrete Handlungen. Wenn es ums Abnehmen geht, kann das z.B. das langsame, betont aufmerksame Essen sein. Haben wir dieses Zielverhalten definiert, müssen wir als nächstes einen Anker festlegen, der dieses Zielverhalten auslösen soll. Das kann ein Wort sein, das wir denken oder sprechen oder auch eine Handbewegung oder irgendetwas, das wir relativ unauffällig ausführen können, und das wir sonst nicht tun. Benutzen wir ein Wort als Anker, sollte das Wort zweckmäßiger Weise etwas mit der Reaktion zu tun haben, die wir mit diesem Anker auslösen wollen.

Beispiele für Worte als Anker sind:

Langsam(Reaktion: Essgeschwindigkeit verringern, Kauen intensivieren)

Fokus (Reaktion: Konzentration aufs Essen, keine anderen Beschäftigung)

Pappsatt(Reaktion: Hungergefühle verscheuchen)

Genug (Reaktion: Kleinere Portionen nehmen)

Statt Worte können Sie aber auch Gesten, wie auf den Schenkel klopfen, mit den Fingern schnippen oder bestimmte Fingerstellungen als Anker benutzen.

Um den Anker mit der gewünschten Reaktion zu verbinden, müssen Sie mehrfach die gewünschte Reaktion vorwegnehmen und dabei den Anker als Wort sprechen oder als Geste ausführen. So lernt Ihr Unterbewusstsein, dass auf den Anker eine ganz bestimmte Reaktion zu erfolgen hat.

Stop-Technik

Ein Spezialfall der Ankertechnik ist die sogenannte Stop Technik. Diese zielt darauf ab, ein bestimmtes unerwünschtes Verhalten zu unterlassen oder zu beenden. Auch dafür gibt es im Bereich der gesunden und kalorienbewussten Ernährung viele Anwendungsfälle, wie z.B.:

- Heißhungerattacken

- Naschen

- Knabbern vor dem Fernseher

- Wählen von Dickmachern, wie Pommes frites oder Sahnetorte am Buffet

- Nachnehmen, obwohl wir schon satt sind etc.

Um das unerwünschte Verhalten abzustellen, wird das Wort „Stop" als ein Anker verwendet. Dazu müssen wir zunächst eine Verbindung zwischen der angestrebten Verhaltensänderung und dem Wort „Stop" schaffen. Das ist bei dem Wort „Stop" relativ einfach, weil das Wort „Stop" eine hohe Symbolkraft besitzt und sich gut eignet, um es sehr energisch und gebieterisch zu gebrauchen.

Trotzdem ist die Umsetzung der Stop-Technik gerade in der ersten Phase nicht ganz einfach, weil der Anker, das Signalwort „Stop", erst durch die wiederholte Anwendung in Verbindung mit der erfolgreichen Willensanstrengung wirkt. Folglich müssen Sie die erwünschte Verhaltensänderung am Anfang ohne die mentale Hilfestellung eines Ankers hinbekommen.

Aber die Mühe lohnt sich. Denn mit der Zeit wird die Willenskraft, die sie aufbringen müssen, um irgendwelchen Versuchungen zu widerstehen, immer geringer. Denn die Wirkung des
Signalwortes wird durch die wiederholte Anwendung immer
stärker und unterstützt Ihre Willensanstrengung erheblich. Im
Idealfall ist die Wirkung des Signalwortes so stark, dass es praktisch alleine wirkt und sein Einsatz die sonst erforderliche starke
Willensanstrengung ersetzt.

In der Praxis sieht die Umsetzung dieser Technik so aus, dass Sie
jedes Mal, wenn Sie in Versuchung geraten, irgendwelchen Gelüsten nachzugeben, sich beherrschen, es nicht tun und laut oder
gedanklich, aber auf jeden Fall energisch, „Stop" sagen. Dadurch
verbinden Sie das Verhalten, der Versuchung zu widerstehen,
mit dem Signalwort „Stop".

Wenn Sie das einige Male getan haben, beginnt das Wort „Stop"
seine eigene Wirkung zu entfalten. Immer, wenn Sie dann in Versuchung geraten, etwas zu naschen, sagen Sie energisch „Stop"
und geben der Versuchung nicht nach. Von Mal zu Mal wird Sie
dann dieses Zauberwort dabei mehr unterstützen, nicht nachzugeben. Und von Mal zu Mal wird Ihnen dieses Widerstehen
leichter fallen.

Die richtigen Bilder im Kopf

Statt unser Unterbewusstsein mit verbalen Botschaften zu beeinflussen, können wir dazu auch Bilder benutzen. Bei vielen Menschen wirken Bilder sogar besser als Worte.

Zur Umsetzung der visuellen Autosuggestion können wir entweder den Inhalt der verbalen Suggestionstexte visualisieren oder uns das Ergebnis unserer Bemühungen plastisch vorstellen.

Dazu müssen wir Bilder finden, die genau das beschreiben, was die verbale Suggestionsformel ausdrückt. Also wie das angestrebte Idealverhalten aussieht oder wie wir gerade unser Verhalten ändern. Dazu können wir uns z.B. bildlich vorstellen, wie wir eine immer kleinere Portion ganz langsam und konzentriert essen oder wie wir die Chips beiseiteschieben und dafür zu der Platte mit den Apfelstücken greifen.

Im Prinzip kann man dafür gedanklich kleine Kurzfilme basteln, die unser Zielverhalten zeigen und die wir in den Übungsblöcken immer wieder vor unserem geistigen Auge abspielen.

Auch Sportler nutzen diese Methode der Imagination des Zielzustandes im Rahmen des mentalen Trainings. Sie optimieren damit z.B. ihr Wettkampfverhalten oder üben so taktische Spielzüge ein. Wir können es nutzen, um positive Gewohnheiten zu realisieren und zu verfestigen. Tun wir das oft genug, werden die Bilder Realität und unser Verhalten ändert sich in der Weise, dass es unseren Vorstellungen entspricht. Wenn wir uns oft genug intensiv vorstellen, wie wir am Tresen der Kantine an den Pommes frites vorbeigehen und freudig zum Brokkoli greifen, wird das auch irgendwann zur Realität. Wir müssen dazu die inneren Bilder nur mit der nötigen Energie aufladen, sie oft genug visualisieren und uns selbst davon überzeugen.

Wir können die inneren Bilder aber auch nutzen, um unseren angestrebten Erfolg durch die Visualisierung vorwegzunehmen. Also uns mental schon so zu sehen, wie wir gerne sein wollen. Dazu können wir uns entweder selbst in dünn vorstellen oder wir können Bilder vor unserem geistigen Auge erzeugen, die uns dynamisch und sportlich aktiv zeigen. Sportler nutzen im mentalen Training dabei z.B. Vorstellungen vom Sieg, vom Trainer, der Ihnen gratuliert und von den Zuschauern, die applaudieren. Sie programmieren sich dadurch praktisch auf Sieg und steigern ihre unterbewusste Motivation. Genauso wirken starke Bilder auch beim Abnehmen. Stellen Sie sich ruhig vor, wie plötzlich die Lieblings-Jeans wieder passt, wie Sie federleicht über den Gartenzaun springen oder wie Ihnen Bekannte zum tollen Ergebnis gratulieren.

Verfallen Sie dabei aber nicht in Träumereien und geben Sie sich vor allem nicht mit den Träumen von der guten Figur zufrieden. Sehen Sie die Bilder als erreichbare Zukunft, als Motivator und als Quelle von Energie und Disziplin. Beenden Sie Ihre Visualisierung immer mit dem festen Vorsatz „Genau da will ich hin, genau das will ich erreichen".

Ziele vorgeben, Ziele erreichen

Wenn wir mit den Mitteln der Autosuggestionen abnehmen wollen, dann ist das schon ein größeres Projekt, das sich über Wochen und Monate erstrecken wird. So ein Projekt sollte man nicht angehen, ohne ein klares Ziel vor Augen zu habe. Ein solches Ziel muss zumindest den Endzustand beschreiben. Darüber hinaus kann eine Zieldefinition noch einschließen, wann wir dieses Ziel erreichen wollen und welche Zwischenziele wir uns setzen.

Zweckmäßig ist bei der Definition eines Zieles immer, das Ziel so zu beschreiben, dass man klar bestimmen kann, ob man das Ziel erreicht hat oder ob man sich ihm zumindest nähert. Dazu kann man das Ziel in messbaren Größen angeben oder es anderweitig so beschreiben, dass man eindeutig feststellen kann, wie nahe man dem Ziel schon gekommen ist.

Eine zweckmäßige Zielsetzung beim Abnehmen kann z.B. darin bestehen, das wir unser Wunschgewicht in Kilogramm angeben. Dann lassen sich auch leicht Zwischenziele festlegen, die den Weg zum eigentlichen Ziel in überschaubare Schritte aufteilen.

Eine andere Form der messbaren Zielsetzung liegt darin, eine bestimmte Kleidergröße anzupeilen oder man nimmt sich vor, so weit abzunehmen, bis man wieder in all seine Lieblingskleidungsstücke passt.

Unscharfe Zielbeschreibungen, wie z.B. ein flacher Bauch, eine Bikini Figur oder etwas weniger Speck an den Hüften, funktionieren bei manchen Menschen zwar auch, sind aber grundsätzlich weniger geeignet, als die klaren Zielsetzungen, die sich in Pfund und Kilo ausdrücken lassen. Bei den unscharfen

Zielen ist die Gefahr zu groß, dass man den Focus verliert oder sich selbst betrügt.

Achten Sie bei der Festlegung Ihrer Ziele immer darauf, dass diese realistisch und gesundheitlich verträglich sind. 20 kg in zwei Monaten abzunehmen, ist weder gesund und nachhaltig, noch realistisch. Wer sich solche Ziele setzt, kann eigentlich nur enttäuscht werden. Und das sollte man unbedingt vermeiden. Denn jede Enttäuschung birgt die große Gefahr, dass wir unser Vorhaben abbrechen und nicht mehr weiter verfolgen. Zu ambitionierte Ziele gehören zu den häufigsten Gründen, warum Menschen Vorhaben nicht zu Ende bringen und Vorsätze nicht weiter umsetzen.

Eine realistische Zielsetzung ist der beste Garant, dass man seine Ziele auch erreicht. Nehmen Sie sich daher genügend Zeit und überlegen Sie gründlich, was für Sie persönlich realistischerweise erreichbar ist. Dabei darf es kein Maßstab sein, was andere schon geschafft haben oder was in diversen Illustrierten als Erfolgsstories veröffentlicht wurde. Das einzige was zählt, ist Ihre ganz persönliche Einschätzung, was für Sie mit hoher Wahrscheinlichkeit möglich ist. Und zwar unter normalen Bedingungen und nicht unter diversen optimistischen Annahmen.

Im Zweifel setzen Sie Ihre Ziel lieber etwas zu niedrig, als zu hoch an. Ein Übertreffen der eignen Zielsetzung motiviert und gibt zusätzliche Energie zum Weitermachen. Ein Verfehlen der eigenen Ziele frustriert und verführt zum Aufgeben.

Im Allgemeinen ist es zweckmäßig nicht nur ein großes Ziel zu formulieren, das am Ende eines langen Prozesses steht, sondern den Weg dorthin in kleinere Schritte aufzubrechen. Wenn Sie sicher sind, dass Sie in einem Jahr 20 kg weniger wiegen wollen und sich das auch zutrauen, können Sie festlegen, wann Sie die 5kg-, die 10kg- oder die 15kg-Marke erreicht haben wollen. Das macht den langen Weg zum großen 20 kg-Ziel überschaubarer und gibt Ihnen auch immer wieder die Möglichkeit eine realistische Erfolgskontrolle durchzuführen. Eventuell muss man danach seine Zielsetzung auch etwas korrigieren. Aber ein korrigiertes Ziel ist immer noch viel besser, als aufzugeben.

Mit der Festlegung des Zieles und der Teilziele haben wir schon zwei wesentliche Elemente unseres Plans zum Abnehmen gefunden. Wie man diese zwei Elemente in einen größeren Plan integriert, wird im nächsten Kapitel beschrieben.

Mit Plan und Strategie

Das Wort Strategie ist vielleicht etwas zu hochtrabend, aber einen Plan, wie man bei der Anwendung der Suggestionen vorgehen will, sollte man sich schon machen. Allein schon deshalb, damit man nicht jeden Tag eine Ausrede findet, warum es heute nicht passt und warum man überhaupt erst morgen anfangen will.

Ob man den Plan mit Worten oder graphisch erstellt, ist ganz egal. Hauptsache man bringt ihn zu Papier und belässt es nicht bei einigen guten Vorsätzen, die schnell wieder vergessen werden.

Ganz gleich welche Darstellungsform Sie wählen, sollte ein Plan zur Anwendung der Suggestions-Methode zumindest folgende Inhalte festlegen:

- Was wollen Sie von Ihren Gewohnheiten und Vorlieben ändern?

- Was ist Ihr Ziel?

- Welche Teilziele wollen Sie erreichen?

- Wann und wie oft wollen Sie Übungsblöcke durchführen?

- Wie soll ein Übungsblock aussehen (Ort, Zeit, Anzahl der Wiederholungen von Affirmationen etc.)?

- Welche Affirmationen wollen Sie verwenden?

- Formulierung der Selbstverpflichtung (siehe Kapitel „Selbstverpflichtung")

Ein verbaler Plan kann z.B. aus folgenden Überschriften bestehen:

- Eigene Zielsetzung (Was wollen Sie bis wann erreichen), eventuell Teilziele.

- Durchführung der Ursachenforschung (Bis wann soll sie abgeschlossen sein, mit welcher Methode wollen Sie die Ursachenforschung durchführen, wie sollen die Ergebnisse festgehalten werden).

- Essgewohnheiten, die abgelegt werden sollen.

- Essgewohnheiten, die Sie sich dafür aneignen wollen.

- Suggestionsformeln, die dazu benutzt werden sollen.

- Intensität der Übungen (Wie oft wollen Sie üben, wie oft soll jede Suggestion in einer Übungssitzung wiederholt werden).

- Phasen der Umsetzung (Reihenfolge der verwendeten Suggestionen und Dauer der Übungsblöcke).

- Stichwortartiges Übungstagebuch.

Ein Plan kann auch in Form einer Tabelle erstellt werden.

Woche	Suggestionsformel	Anzahl Wieder-holungen	Bemerkungen

Einen graphischen Plan können Sie z.B. entlang eines Zeitstrahls konstruieren.

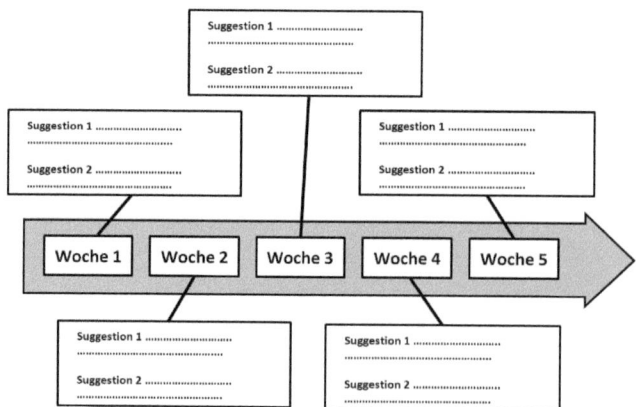

Graphischer Plan für Monat ....

Da man einen Plan von Anfang an haben sollte, entsteht der erste Plan oft bevor man ausgiebige Erfahrung mit der anzuwendenden Methode gesammelt hat. Daher ist es ganz normal, dass man diesen ersten Plan nach einiger Zeit an die Realität anpassen muss. Denn wenn Sie die ersten Erfahrungen mit der Autosuggestion gesammelt haben, können Sie auch besser einschätzen, welche Übungshäufigkeit und welcher Zeitbedarf für einen Übungsblock realistisch sind. Dann wissen Sie auch, wie lange Sie mit einer bestimmten Affirmation arbeiten müssen, bis sie sich ausreichend verfestigt hat und ob Sie mit nur einer oder mehreren Suggestionsformeln im selben Übungsblock arbeiten können oder sich auf eine Affirmation pro Übungsblock beschränken sollten.

Für den Anfang ist es auf jeden Fall zu empfehlen, das Übungsprogramm einfach zu halten und die Hürden nicht zu hoch zu bauen.

So ein Plan sollte aber mehr sein, als die reine Aneinanderreihung von Aktivitäten. Er sollte eine bestimmte Strategie erkennen lassen, die sich in einer leitenden Idee oder einem roten Faden niederschlägt.

So ein Roter Faden könnte z.B. darin bestehen, dass Sie mit allgemeingehaltenen Affirmationen, die das Hungergefühl dämpfen oder die Selbstbeherrschung stärken, beginnen und dann mit speziellen Affirmationen, die auf ganz bestimmte Gewohnheiten ausgerichtet sind, wie das Knabbern vor dem Fernseher oder das Zeitunglesen während des Essens, fortfahren.

Ein Roter Faden könnte auch darin bestehen, dass Sie mit den Gewohnheiten beginnen, denen Sie in der Ursachenforschung eine geringere Priorität zugeordnet haben, um sich dann zu den höheren Prioritäten vorzuarbeiten. So können Sie mit der Methode der Autosuggestion erst einmal Erfahrung sammeln und diese Erfahrung später bei den Gewohnheiten einsetzen, die Ihnen besonders wichtig sind.

Ob ein Plan gut ist, kann man z.B. daran sehen, dass Ihr roter Faden einen gangbaren Weg darstellt, der von Ihrer Ausgangssituation stringent zu Ihrem Ziel führt.

Begeistern Sie sich fürs Abnehmen

Ganz gleich welche Essgewohnheiten Sie ändern wollen und welchen Weg des Abnehmens Sie verfolgen, auf Dauer erfolgreich werden Sie nur sein, wenn Sie gegenüber dem Abnehmen eine positive Einstellung gewinnen. Solange Sie das Abnehmen als ein notwendiges Übel betrachten und sich nur widerwillig damit beschäftigen, wird Ihr Unterbewusstsein immer Gründe finden, um jede Diät oder jedes mentale Programm wieder zu beenden. Erfolgreich können Sie nur sein, wenn Sie gegenüber dem Vorhaben des Abnehmens eine gewisse Begeisterung entwickeln und es freudig angehen.

Zählen Sie nicht verbissen Kalorien, gehen Sie nicht angewidert zum Joggen und geben Sie sich nicht den Selbstzweifeln hin, wenn Sie einmal gesündigt haben oder sich der erste Rückschlag einstellt. Behalten Sie eine gewisse Lockerheit und vor allem eine optimistische Lebenseinstellung. Begeistern Sie sich selbst für das Projekt „Abnehmen".

Gehen Sie dieses Projekt locker an und sehen Sie voller Optimismus nach vorne. Begeistern Sie sich dafür, dass Sie das Projekt so voller Schwung und mit einer neuen Methode angehen. Zumal diese Methode der Autosuggestion Ihnen auch helfen kann, ungeahnte Kräfte zu entwickeln und optimistisch nach vorne zu blicken.

Malen Sie sich aus und stellen Sie sich bildhaft vor, wie Sie sich fühlen, wenn Sie 5, 10 oder 15 kg abgenommen haben. Stellen Sie sich vor, welche Kleidungsstücke Ihnen wieder passen oder was Sie mit einigen Kilo weniger auf den Rippen wieder alles tragen können. Sehen Sie sich mit Ihrem inneren Auge Sport treiben, mühelos auf Berge klettern oder beschwingt tanzen. Fühlen Sie sich selber attraktiver, fitter und beweglicher, als ob Sie Ihre Zielfigur schon erreicht hätten.

Nehmen Sie geistig das Resultat Ihrer Anstrengungen vorweg und genießen Sie, sich so zu fühlen, wie wenn Sie schon Ihr Wunschgewicht erreicht hätten. Erfreuen Sie sich an diesen Vorstellungen und machen Sie sich klar, dass Sie schon auf dem besten Weg sind.

Entwickeln Sie vor allem eine positive Einstellung zu Ihrem Vorhaben „Abnehmen".

Sich selbst für das Projekt „Abnehmen" zu begeistern, wird Ihnen auch immer leichter fallen, wenn Sie erst einmal die ersten Erfolge sehen und wenn Sie von Ihren Mitmenschen darauf angesprochen werden. Nichts fühlt sich auf diesem Gebiet besser an, als die eigenen Erfolge. Aber der Anfang ist schwer. Da sieht man nichts auf der Waage, da fühlt man noch nichts am Hosenbund und auch von den Bekannten scheint keinem aufzufallen, dass man schon ein bisschen abgenommen hat. Gerade in dieser Phase können Autosuggestionen, die positiv stimmen und die innere Motivation aufbauen, sehr hilfreich sein.

Geeignete Suggestionsformeln, um die eigene Begeisterung für das Abnehmen zu steigern sind:

Abnehmen heißt Freude und Begeisterung.

Jede Kalorie weniger macht mich glücklich und zufrieden.

Ich fühle mich von Tag zu Tag besser.

Mein Ziel strahlt in hellen Farben.

Ich fühle, wie ich dem Ziel näher komme.

Jeder kleine Fortschritt macht mich stärker.

Mein Ziel kommt jeden Tag näher. Ich genieße den Erfolg.

Abnehmen ist leichter als ich dachte (Wenn Sie schon erste Erfolge sehen)

Begeisterung und Zuversicht füllen mich aus.

Ich weiß was ich tue, ich genieße was ich tue und ich erreiche was ich will.

Genießen und zelebrieren Sie aber vor allem jeden Erfolg. Und selbst wenn er noch so klein ist. Sind Sie stolz darauf, wenn Sie einen Tag ohne Süßigkeiten geschafft haben oder es Ihnen endlich gelungen ist, in der Kantine nur die halbe Portion zu nehmen.

Erfolg und der gerechtfertigte Stolz auf diesen Erfolg sind die beste Basis für die eigene Begeisterung. Leben Sie diese Begeisterung und bauen Sie sie aus. Dann können Sie alles erreichen.

Selbstverpflichtung

Eine Selbstverpflichtung einzugehen, hat eigentlich nichts mit der Autosuggestions-Methode direkt zu tun, kann aber bei jeder Art von langfristigem Programm eine große Hilfe sein, um bei der Stange zu bleiben. Da, das in diesem Buch beschriebe Programm darauf ausgerichtet ist, dass man es über längere Zeit betreibt, kann das Eingehen einer Selbstverpflichtung hierbei sehr hilfreich sein. Allerdings eignet sich so eine rituelle Verpflichtung nicht für alle Menschen. Vielen hilft sie aber. Letztlich müssen Sie daher selber beurteilen, ob Ihnen so eine Verpflichtung hilft oder ob das nichts für Sie ist.

Ähnlich wie ein Eid oder Gelübde ist die Selbstverpflichtung ein formeller Akt, dessen symbolische Bedeutung uns mental bindet und innerlich verpflichtet. Sie kann uns helfen, Versuchungen besser zu widerstehen, über Tiefpunkte hinwegzukommen und unsere Selbstdisziplin zu stärken. So eine Selbstverpflichtung sollte alles enthalten, was wir uns im Zusammenhang mit unserem Projekt vorgenommen haben, aber auch nicht zu lang sein. Vier bis fünf Sätze sind ein guter Anhalt.

Wichtig ist hier, dass Sie sich mit dem Text Ihrer Selbstverpflichtung identifizieren können. Dass Sie daran glauben und dass dieser Text Ihnen die Kraft gibt, weiterzumachen, wenn sich die ersten Rückschläge einstellen oder die eigene Motivation nachlässt.

Denken Sie bei der Formulierung des Textes an einen Eid, den Sie vor sich selber ablegen und der Sie verpflichtet, unter allen Umständen mit Ihrem Programm weiterzumachen.

Ein möglicher Text einer solchen Selbstverpflichtung kann wie folgt lauten:

Ich gelobe hiermit, dass ich mein Ziel, bis zum Sommer X kg abzunehmen, mit eisernem Willen verfolgen werde, mich von nichts davon abbringen lassen will und alles andere diesem Ziel unterordnen werde.

Ich erkläre, dass ich jeden Tag meine Affirmationen wiederholen und verinnerlichen werde. Ausreden und Entschuldigungen werde ich nicht akzeptieren. Ich werde meine ganze Energie auf dieses Vorhaben konzentrieren und es erfolgreich zu Ende bringen.

Ich bin stolz, mir dieses Ziel gesetzt zu haben, und werde es mit Nachdruck verfolgen.

Dies besiegele ich durch meine feierliche Erklärung und meine Unterschrift.

Besser, als einen vorgefertigten Text zu nehmen, ist es natürlich die Selbstverpflichtung selbst zu formulieren. Das kostet etwas Mühe, unterstreicht aber die Bedeutung, die wie ihr beimessen.

Wenn Sie Ihre eigne Selbstverpflichtung geschrieben haben, lesen Sie sie mehrfach durch, verinnerlichen Sie den Text und machen Sie sich bewusst, was eine Verpflichtung bedeutet. Spüren Sie wie die Willenskraft in Ihnen aufsteigt, sich manifestiert und Ihnen immer zur Verfügung steht, wenn Sie Willenskraft und Selbstdisziplin brauchen. Je besser Sie sich in diese Situation hinein fühlen können und je mehr Sie die Willenskraft in Ihnen aufsteigen spüren, desto stärker wird diese Selbstverpflichtung wirken und Sie auf Ihrem Weg unterstützen.

Je beeindruckender und bedeutungsvoller Sie das ganze Ritual der Selbstverpflichtung gestalten, desto wirksamer wird es sein.

Verwahren Sie den Text wie einen Schatz und nehmen Sie ihn immer wieder zur Hand. Lesen Sie ihn und machen Sie sich bewusst, wie wichtig Ihr Projekt ist, zu dem Sie sich vor sich selbst verpflichtet haben.

Der Umgang mit Rückschlägen

Am Ende dieses Buches, wollen wir uns noch einem heiklen Punkt zuwenden, mit dem jeder, der ernsthaft abnehmen will, irgendwann konfrontiert wird. Dabei handelt es sich um die Rückschläge, die sich in der einen oder anderen Form immer wieder einmal einstellen.

Jeder der sich Ziele setzt, einen Plan zur Zielerreichung ausarbeitet und den Plan mit großer Disziplin und Hingabe umsetzt, wird immer wieder einmal erleben, dass man irgendeiner Versuchung nicht widerstehen konnte, oder dass, trotz peniblen Einhaltens des Plans, eine Zeitlang kein Fortschritt zu sehen ist. Dann besteht die große Gefahr, die Motivation zu verlieren oder gar ganz aufzugeben.

Um dem vorzubeugen, sollte man sich mit der Tatsache, dass Rückschläge eintreten können, schon frühzeitig auseinandersetzen. Vor allem sollte man sich immer wieder klar machen, dass auch andere Menschen Rückschläge erleiden mussten und trotzdem ihr Ziel erreicht haben.

Man muss Rückschläge nicht herbeisehnen, aber man muss sich selbst klar machen, dass Rückschläge etwas völlig Normales sind und zu jedem großen Projekt dazugehören. Entscheidend ist nur, wie man damit umgeht. Und hier kommt es vor allem auf die Einstellung an, die man zu Rückschlägen und Misserfolgen entwickelt.

Wer beim ersten Rückschlag schon den Glauben daran verliert, dass er sein Ziel noch erreichen kann und an sich selbst zweifelt, hat schon verloren. Denn ohne Glauben an sich selbst und voller Zweifel, wird es kaum möglich sein, die nötige Energie und

Willenskraft aufzubringen, die für ein Weitermachen oder einen erfolgreichen Neustart notwendig sind.

Wer Misserfolge überwinden will, muss seinem Selbstvertrauen zu neuem Glanz verhelfen, Energie freisetzen, das Ziel fest ins Auge nehmen und kraftvoll durchstarten. Dazu ist vor allem die richtige Einstellung zu Misserfolgen und Rückschlägen entscheidend. Wir dürfen sie nicht als Katastrophe empfinden, die unsere harten Anstrengungen unwiederbringlich zu Fall bringen, sondern als eine Art Gegner, der sich uns zwar in den Weg stellen, aber uns nicht besiegen kann. Stattdessen müssen wir den festen Willen entwickeln, diesen Gegner zu überwinden und an ihm vorbei zu unserem Ziel zu gelangen.

Wichtig ist in diesem Zusammenhang auch den Blick stets nach vorne zu richten. Treten Rückschläge und Misserfolge auf, sollte man zunächst einmal analysieren, woran es gelegen hat und überlegen welche Lehren man daraus ziehen kann. Danach kommt es aber darauf an, diese Lehren umzusetzen. Und das kann man nicht in der Vergangenheit, sondern nur in der Zukunft. Also nach der Analyse den Blick wieder nach vorne richten und mit neuer Motivation in die Richtung unseres Ziels marschieren.

Wahre Stärke zeigt sich erst in der Überwindung von Schwierigkeiten und in der Bewältigung von Rückschlägen. Und jede erfolgreiche Bewältigung eines Rückschlages macht uns stärker.

Um diese Einstellung zu entwickeln, können folgende Affirmationen hilfreich sein:

Hindernisse machen mich stark.

Wenn ich will, kann ich alles schaffen.

Mein Blick zeigt entschlossen nach vorn.

Niemals aufgeben, immer das Ziel im Auge.

Wie schon im Kapitel über Strategie und Planung angesprochen, kann man die Wahrscheinlichkeit des Eintretens von Rückschlägen auch dadurch reduzieren, dass man am Anfang die eigenen Ziele nicht zu ehrgeizig wählt, und sie lieber nach den ersten Erfolgen etwas höher ansetzt. Außerdem kann es sehr hilfreich sein, wenn man immer einen Plan B besitzt, für den Fall, dass man Ziele nicht erreicht, Unvorhersehbares eintritt oder man einfach einen Durchhänger hat.

So ein Alternativ-Plan kann z.b. darin bestehen, dass man seine Anstrengungen gezielt und geplant für eine vorher festgelegte Zeit etwas herunterschraubt, um dann wieder mit vollem Elan zu starten.

Für andere mag ein Plan B sinnvoll sein, der auf ein paar extra Belohnungen aufbaut, um die Motivation wieder auf Höchststand zu bringen. Auf jeden Fall sollte man im Voraus schon ein paar Ideen parat haben, wie man auf Misserfolge reagieren kann und wie man mit Rückschlägen umgeht.

Ernährungsregeln und anzustrebende Verhaltensweisen

Die hier beschriebene Methode der autosuggestiven Beeinflussung Ihres Unterbewusstseins ist nicht an eine spezielle Diät oder besondere Ernährungsweise gebunden. Sie zielt vielmehr darauf ab, unsere Verhaltensweisen rund um das Essen zu verändern und im Sinne einer Gewichtsreduzierung grundsätzlich positiv zu beeinflussen. Daher kann die Methode der Autosuggestion auch genutzt werden, um jede Form von Diät oder jede besondere Ernährungsweise psychologisch zu unterstützen.

Wenn Sie sich also schon für eine bestimmte Diät entschieden haben und diese fortsetzen wollen, nutzen Sie die Technik der Autosuggestion, um diese Diät erfolgreich weiterzuführen.

Wenn Sie aber mit dieser Diät nicht weiterkommen oder Sie sich bisher zu keiner Diät entschließen konnten, finden Sie hier eine Sammlung von Ernährungs- und Verhaltensregeln, die eine ganz einfache aber wirkungsvolle Methode der Gewichtsreduzierung darstellen.

Konsequent angewendet, führen diese Regeln zu einer sicheren Gewichtsabnahme. In abgeschwächter Form helfen sie Ihnen Ihr gegenwärtiges Gewicht zu halten.

Zur Umsetzung dieser Regeln können Sie, die in diesem Buch beschriebene Autosuggestions-Technik, einsetzen. Das wird Ihnen helfen die Regeln konsequent einzuhalten und erfolgreich abzunehmen.

Ernährungsregeln

Meide einfache Kohlehydrate (Weißbrot, Nudeln, polierter Reis, Kartoffeln) wo immer möglich.

Bevorzuge komplexe Kohlehydrate (Vollkornbrot, Gemüse, Pilze etc.).

Vermeide Zucker in jeder Form (Rohrzucker, Traubenzucker, Fruchtzucker) und Alkohol absolut. Das schließt süßes Obst, Fruchtsäfte oder zuckerhaltige Getränke ein.

Bevorzuge eiweißreiche Lebensmittel (Tofu, Fisch, mageres Fleisch, Eier, Magerquark, Harzer Käse).

Vermeide fettreiche Lebensmittel (Pommes frites, Sahne, Leberwurst, Salami, fetthaltigen Käse etc.).

Bevorzuge Obstsorten mit wenig Zucker (Erdbeeren, Himbeeren, Blaubeeren, eventuell Äpfel).

Meide Obstsorten mit viel Fruchtzucker oder viel Stärke (Kirschen, Weintrauben, Bananen).

Meide Fertigprodukte und industriell zubereitete Gerichte.

Verhaltensregeln

Esse nur soviel wie Dein Körper wirklich braucht. Versuche diese Menge kontinuierlich zu verringern.

Gewöhne Deinen Magen und Deine Psyche zunehmend an kleinere Portionen.

Esse nur im Rahmen von klar definierten Mahlzeiten.

Zelebriere und genieße jede Mahlzeit.

Keine Snacks zwischendurch. Vor allem keine mit hohem Gehalt an Fett, Zucker oder einfachen Kohlehydraten.

Esse immer bewusst im Rahmen von Mahlzeiten und nicht nebenher zu anderen Tätigkeiten.

Esse langsam. Mache Pausen. Kaue gründlich.

Richte alle Gerichte auf einem Teller an und vermeide die Möglichkeit am Tisch von den einzelnen Komponenten nachzunehmen.

Bevorrate keine Lebensmittel mit hohem Versuchungs-Potential, wie Süßigkeiten, Chips etc.

Arbeitsblätter

Die folgenden Arbeitsblätter können Sie aus dem Buch kopieren oder mit minimalen Word und Powerpoint Kenntnissen selbst erstellen. Einmal erstellt und vervielfältigt erleichtern sie die systematische Arbeit mit Autosuggestionen. Man muss Sie aber auch ausfüllen und konsequent anwenden.

Liste der Arbeitsblätter:

1. Checkliste für schlechte Gewohnheiten

2. Liste der Suggestionsformeln

3. Plan in Tabellenform

4. Ausformulierter Plan

5. Graphischer Plan

6. Übungstagebuch in Tabellenform

1.Checkliste für negative Verhaltensweisen

Verhaltensweise	1	2	3	4	5

2. Liste der verwendeten Suggestionsformeln

Negative Verhaltensweise	Angestrebte Verhaltensweise	Suggestionsformel

3. Plan in Tabellenform

Woche	Suggestionsformel	Anzahl der Wieder-holungen	Bemerkungen

4. Ausformulierter Plan

Eigene Zielsetzung

     Ziel: ....

     Teilziel 1: ....

     Teilziel 2: ....

     Teilziel 3: ....

Ursachenforschung:

     Abgeschlossen bis: ....

     Methode: ....

     Dokumentation: ....

Essgewohnheiten, die abgelegt werden sollen:

     - ....

     - ....

     - ....

     - ....

     - ....

Essgewohnheiten, die Sie sich aneignen wollen:

- ....

- ....

- ....

- ....

Suggestionsformeln, die dazu benutzt werden sollen:

....

....

....

....

Intensität der Übungen:

Übungssitzungen pro Woche: ....

Anzahl der verwendeten Suggestionsformeln: ....

Anzahl der Wiederholungen einer bestimmten

Suggestionsformell: ....

Phasen der Umsetzung:

    1. Woche ....

    2. Woche ....

    3. Woche ....

    4. Woche ....

    5.Woche ....

    6. Woche ....

    7. Woche ....

    8. Woche ....

Übungstagebuch in Tabellenform

5. Graphischer Plan

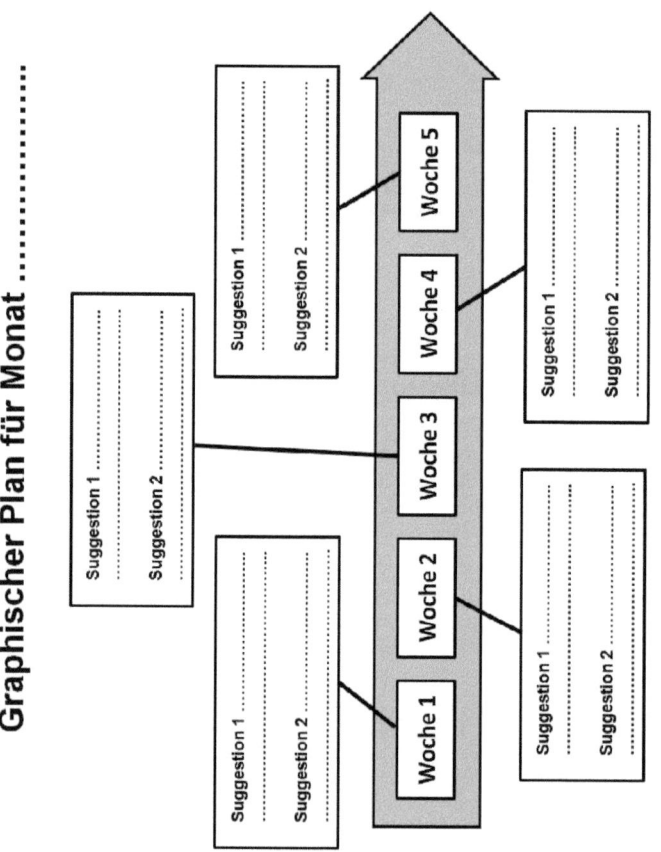

Graphischer Plan für Monat ....

Woche 1   Woche 2   Woche 3   Woche 4   Woche 5

Suggestion 1
Suggestion 2

6. Übungstagebuch in Tabellenform

Phase	Durchgeführt wie geplant	Bemerkungen
Beginn der Übungsserie		
Woche 1		
Woche 2		
Woche 3		
Woche 4		
Woche 5		
Woche 6		
Woche 7		
Woche 8		